華中科技大學出版社
http://press.hust.edu.cn
中国·武汉

前言 Preface

欢迎你踏上这场奇妙的历史文化之旅——一次穿越时间和空间，与文物对话的机会。在这套图书中，我们将带你走进10座极富特色的中国博物馆，一窥那些见证历史沧桑、承载文明智慧的国宝。

每一座博物馆都是一座宝库，不仅收藏着数不清的历史珍品与艺术精品，更蕴含着无尽的知识和故事。在这些博物馆宁静的大厅里，时间似乎停滞了。古代工匠们的智慧和才能，历史的波澜和变迁，使得每一件展品都鲜活起来，等待着我们去发现和了解。

从甘肃省博物馆的历史厚重到首都博物馆的皇家气韵，从成都博物馆的天府风采到广东省博物馆的岭南风情，从布达拉宫的神秘庄严到敦煌博物馆的视觉震撼，从殷墟博物馆的商代遗迹到秦始皇帝陵博物院的兵马雄风，再到中国丝绸博物馆、新疆维吾尔自治区博物馆的地域特色，本套图书将为你开启一扇时光之门，带你走进一处处国家宝藏胜地。

我们深知，以一套书的有限篇幅，无法完整展现每座博物馆所有重要的国宝。于是，我们从文物的历史和文化价值、工艺水平、独特性与创新性，以及社会知名度和影响力等多方面综合考量，精心挑选了每座博物馆的20～24件最具代表性的珍贵文物。它们有的是各自博物馆的镇馆之宝，有的是某个时代的历史见证。此外，为了让读者更清晰地对文物进行了解和比较，我们将文物按不同类型来介绍。通过这些文物，读者不仅能欣赏到数千年间的艺术瑰宝，更能深入探索中华文明的发展脉络，体会历史的深度与厚重。

你即将开启的是布达拉宫的奇妙篇章。宫内瑰宝璀璨若星辰，映照出雪域高原的灿烂文化。那些精心留存的珍品，将带你穿越漫长时光，沉醉于藏文化的深邃与神秘。这里是往昔与今朝的交汇点，每一件文物都有着岁月的印迹，尽显古代藏族人民的智慧与审美。从精美绝伦的唐卡到庄重肃穆的佛像，从珍贵的典籍到独具匠心的民族法器，它们是历史的沉吟，让你在每一次凝望时，都能感觉到文化的律动，与历史对话，与文化相拥。

我们相信，这不仅是一次认知和学习的过程，更是一次心灵和情感的旅行。我们希望，这套图书能够激起你对历史的好奇心，唤起你对传统文化的尊重和保护，更希望这趟文化之旅成为你心中宝贵的记忆。

目录 Contents

博物馆概况

布达拉宫（Potala Palace），始建于631年，集宫殿、城堡和寺庙于一体的宏伟建筑，也是西藏现存规模最大、式样最全、保存最完整的宫堡式建筑群，囊括了藏族在文化、艺术等方面的所有精华，被誉为“世界屋脊的文化艺术宝库”。1961年，布达拉宫被国务院列入第一批全国重点文物保护单位，1994年被联合国教科文组织列入《世界遗产名录》，2013年1月被评为西藏第一批国家5A级旅游景区。同时，布达拉宫作为西藏最具代表性的文化地标之一，在国际文化交流领域也有着举足轻重的地位，是世界了解中国西藏独特历史文化的重要窗口。

位置与规模

布达拉宫位于西藏自治区拉萨市城关区北京中路35号，它规模宏大，占地面积约40万平方米，建筑总面积约13万平方米。此地海拔高3700多米，主楼高117米，共13层，是大型宫堡式建筑群，融合宫殿、灵塔殿、佛殿等功能，共计有1267间房舍。

主体建筑由居中红宫，与两侧白宫、僧舍精妙构成，白宫环绕红宫，是政教合一的写照。附属建筑有世袭殿、五世达赖喇嘛灵塔殿等十余座。主体建筑东西两侧向下延伸，与高大的宫墙相接。宫墙高6米，底宽4.4米，顶宽2.8米，东、南、西侧各有一座三层门楼，东南、西北角各有一角楼，宫墙围合区域皆属布达拉宫。

发展历程

从7世纪松赞干布始建红山宫，揭开布达拉宫历史篇章；到9世纪吐蕃王朝覆灭后而衰落，再到17世纪五世达赖喇嘛重建迎来新生；直至现代，在中央政府的重视与保护下，布达拉宫不断发展。其跨越一千多年的历程，见证着时代变迁、文化传承与民族融合，始终屹立于世界屋脊，闪耀着独特光芒。

○ 始建时期：吐蕃王朝的辉煌开端

7世纪，吐蕃王朝第33代赞普松赞干布为迎娶唐朝文成公主，下令修建红山宫。宫殿建在红山之巅，规模宏大，象征着吐蕃王朝与唐朝的友好联姻，也揭开了藏汉文化交流融合的新篇章。那时的布达拉宫是吐蕃王朝的政治中心，见证着松赞干布统一西藏各部的辉煌，奠定了松赞干布在藏族历史中的重要地位。

○ 衰落与重建：历史变迁中的重生

9世纪，随着吐蕃王朝的解体，布达拉宫逐渐衰落，部分建筑毁于战火与自然灾害。17世纪，五世达赖喇嘛当政，格鲁派掌权，为巩固政教合一统治，于红山宫旁建白宫，作为达赖喇嘛冬宫。1690—1934年，经过多次扩建，布达拉宫基本形成现今的规模，成为西藏地区的政、教、文中心。

○ 现代保护与传承：新时代的文化瑰宝

1959年以后，中共中央和国务院高度重视对布达拉宫的保护。1989—1994年、2002—2009年对布达拉宫进行大规模维修，遵循“修旧如旧”原则，运用传统工艺与现代技术，保护这一珍贵文化遗产。2024年布达拉宫申遗成功30周年，通过举办展览等活动，让布达拉宫文化走向世界，在新时代焕发生机。

布达拉宫所藏文物品类丰富，颇具藏族地区特色，涵盖明清时期西藏地方政府与中央政府往来的相关物件，像皇帝封赐达赖喇嘛的金册、金印、玉印，以及大量金银器、瓷器、珐琅器、玉器、锦缎和工艺珍玩。布达拉宫所藏文书档案中，有清代皇帝诏书17件、敕书250件、上谕21件。这些『遗留性史料』档案，充分表明中央政府对西藏地方的有效管辖。

○ 珍宝馆

珍宝馆，过去叫作“斋康”。2009年，珍宝馆竣工，占地面积达2500平方米，建筑面积为2199平方米。同年，5月8日开启文物交接工作，8月11日正式面向公众开放。馆内总计展出文物及复制品273单件，155套件（或159套件，其中有147套件珍品、6件复制品及6幅壁画）。馆内布置了22个通柜、34个独立柜和3个吊柜，展示内容涵盖西藏历史、文化和艺术等多个方面。

近年来，布达拉宫的展览呈现多元化的趋势，通过对外展览的形式走出雪域高原，让更多的人接触到藏族文化；线上云展览通过高清全景漫游、语音讲解及动画演示技术，打破时空限制，生动呈现文物与历史；虚拟展览则依托VR大空间沉浸影像技术，以高精度数字化重建布达拉宫场景，让观众身临其境般地探索建筑细节与文化内涵，实现跨时空的文化互动体验。

○ 布达拉宫自身主题展览

主题展览于2024年12月31日在布达拉宫雪城珍宝馆开幕，以布达拉宫成功申报世界文化遗产30周年为契机，精选100余件体现民族团结的文物，分“合同一家”“万象更新”两部分，通过实物、图片、影像及多媒体技术，展现西藏与祖国各民族交往、交流、交融的历史。

○ 对外联展

2024年，布达拉宫分别与中国大运河博物馆、天津博物馆联合举办“布达拉宫——来自雪域的世界文化遗产”特展，共展出149件精美文物，包括唐卡、法器、鎏金银器、服饰（如金宝地花卉纹斗篷、五佛冠）等，展现布达拉宫的艺术文化。

○ 沉浸式影像展

2024年12月28日，《布达拉宫》VR大空间沉浸影像展在北京798艺术中心开幕。该展借高精度数字化扫描、三维建模等技术，打造首个布达拉宫主题VR超大空间沉浸式体验，结合纪录片，以AI等还原宫殿细节。故宫前院长单霁翔参与推广，强调文化遗产数字化传播与保护。

○ 线上云展览

布达拉宫管理处推出的《古韵新生——铸牢中华民族共同体意识主题展览》云展览，入围国家文物局与中央网信办联合评选的2024年度中华文物新媒体传播项目名单。它借助高清全景漫游等技术，数字化呈现布达拉宫的文物及历史，让观众能线上看文物细节、了解维修工程，感受多民族协作的脉络。

布达拉宫选址顺应自然，依山而建，占据整个山顶，规模宏大。风格上藏汉融合，藏式平顶与汉式歇山顶并存，装饰既有藏式风格，又含汉族建筑元素，与自然完美相融。白宫环红宫筑就，为政教合一的缩影。建筑以土、木、石为基，用白玛草、阿嘎土等特色材料建成。

○ 庄严雄伟的红宫

红宫近方形，高达117米，看似13层，实则为9层，下面4层为坚实地基，自第五层起，佛殿与天井交相辉映，环绕布置。红宫内的核心区域西大殿是五世达赖喇嘛灵塔殿的享堂，灵塔由300余千克黄金铸成，珍稀无比。红宫之上，7座鎏金汉式歇山式屋顶熠熠生辉，四周经幢经幡环绕，尽显宗教之庄严神圣。

○ 洁白的白宫

白宫既是达赖喇嘛的冬宫，也是曾经西藏地方政府的重要办事机构。白宫高达7层，位于第四层的中央有寂圆满大殿，是宗教与政治活动的核心。第五层、第六层主要是摄政者的办公场所。最高层的日光殿，因窗户敞开可接纳阳光而得名，分为东、西两殿，是达赖喇嘛的寝宫。

○ 香甜的墙面涂料

布达拉宫白墙的涂料，由白石灰、牛奶、白糖、冰糖调配而成；红墙的涂料，则是用红糖、蜂蜜以及藏红花等材料调配而成。这些涂料不仅独具特色，还有着特殊功效。白墙涂料让墙体洁白如新，红墙涂料具备保鲜性、黏度高等特点。除布达拉宫外，西藏众多寺庙也会使用这些散发着香甜气息的涂料。

独具魅力的建筑色彩

布达拉宫的建筑色彩丰富鲜明，红、黄、白、黑四色交织。墙檐处，厚重的棕红色边玛带环绕，间或饰以圆形铜质鎏金饰物，红与黄形成强烈对比。洁白的墙壁上，方窗四周装饰有黑色“巴卡”（窗套），与窗檐上随风摇曳的彩色布幔相互映衬，动静结合，韵律十足。整个建筑群借华丽与质朴、细腻与粗犷的强烈反差，与周边环境保持和谐。

天然的材料——白玛草墙

白玛草，又称边玛草，取材于柽柳枝，是高寒深山的灌木。它生长迟缓，质地坚硬，枝干少分枝。西藏劳动人民经长期建筑实践，基于白玛草不弯折、难腐烂的特点，将其用于建筑，让它成为西藏独有的建筑装饰材料。白玛草用于墙体装饰，既能减轻墙体重量，又具有独特的装饰效果。

○ 奢华的内部装饰

布达拉宫内部装饰奢华，融合多种艺术形式。门框多以实木打造，表面雕刻细腻繁复，常见装饰图案有莲花、八宝吉祥纹等，各有祈福寓意。门额装饰同样考究，常以彩画与木雕结合。中央位置多绘或雕有神像，威严庄重，守护佛法与宫殿安宁。周边环绕云纹、卷草纹，线条流畅，增添灵动与韵律。

○ 宫殿附近的白塔

白塔建造采用了藏式传统的覆钵式佛塔建筑风格，外表涂抹白灰，呈现出洁白的外观，简洁而高大。白色象征纯洁与神圣，塔顶通常有铜制饰物。其巍峨洁白的形象与红宫形成鲜明对比，凸显了藏传佛教建筑的庄严与和谐之美。

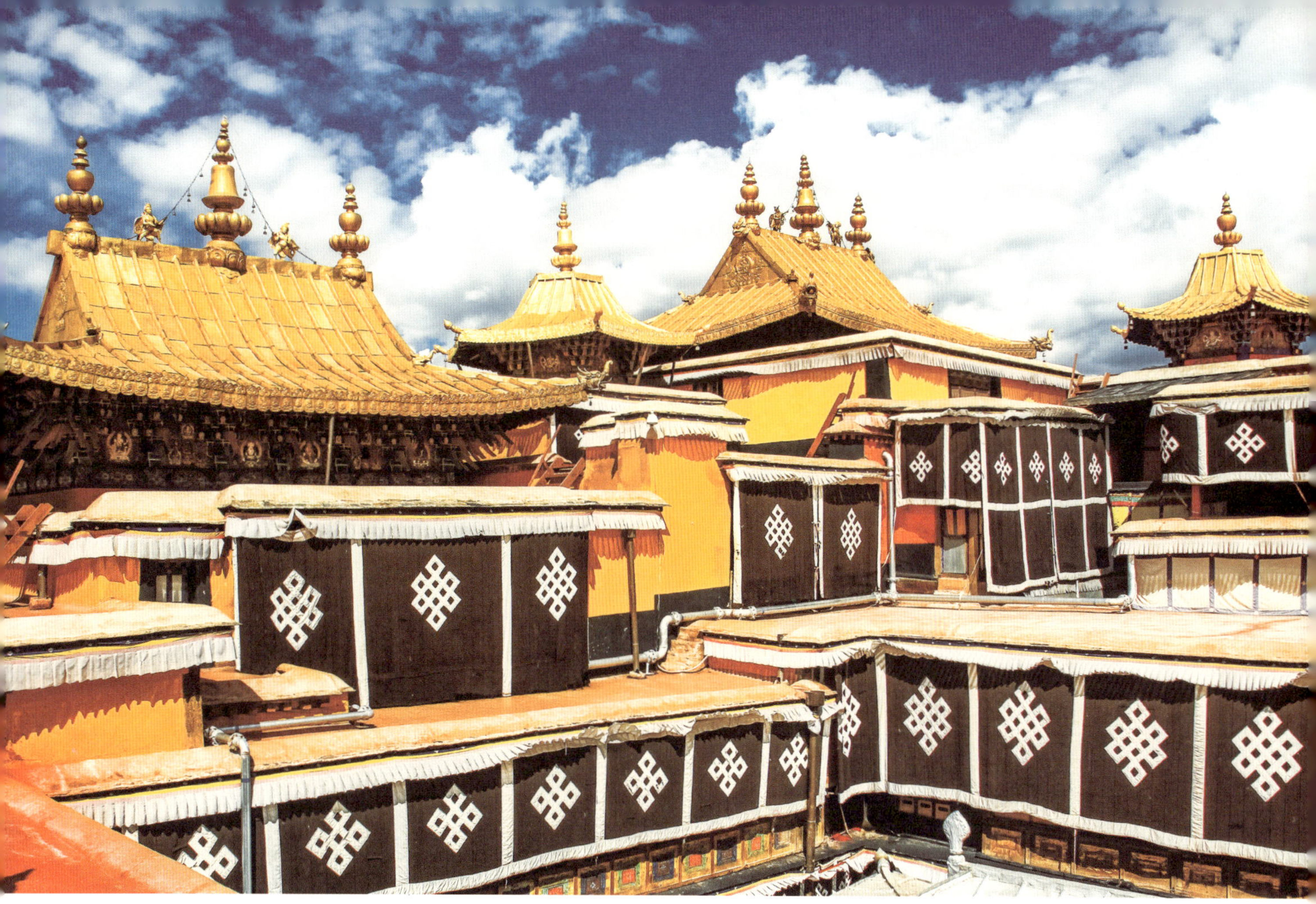

○ **“伍孜加毗”金顶群**

布达拉宫红宫的金顶群，在蓝天白云的衬托下显得宏伟壮观，在阳光的照耀下金光闪耀。红宫第五层为屋顶平台，其西、北两面有多个金顶。金顶皆为铜镀金，顶部装有3根或5根尖铁叉，用于避雷。

○ **屋脊宝瓶——“敢支惹”**

“敢支惹”，也就是屋脊宝瓶，是屋顶上的吉祥装饰。在西藏地区的佛教寺院与经堂中，其屋顶上均设有铜镀金的此类宝瓶作为传统装饰。

龙首　共命鸟

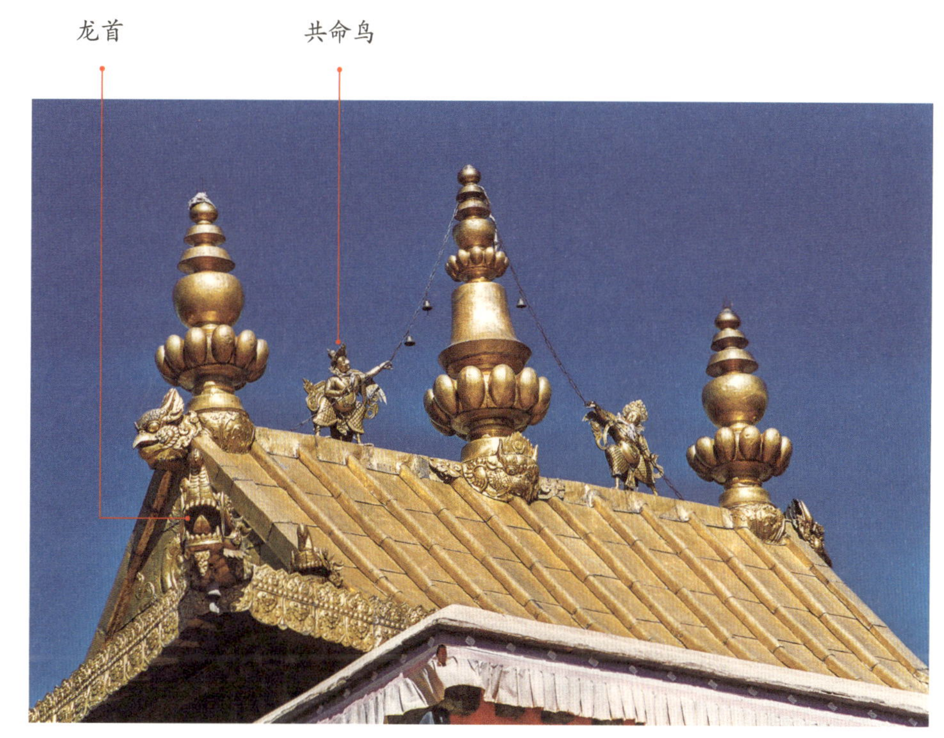

屋顶的瑞兽装饰

在布达拉宫红宫、白宫等建筑重点部位，镶嵌着诸多饰件，其中有铜质鎏金梵文图案“南久旺丹”，犀牛、大鹏等动物造型，还有伞盖、吉祥结等吉祥八宝图案。这些装饰与屋面上的金顶相互呼应，相得益彰。

阿嘎土与牛粪砖

布达拉宫的建筑材料与设计独具匠心。地面采用藏族传统的阿嘎土夯筑，它不仅令地面光滑持久，还在其他材料受损时保障墙体与地面的完整性。同时，夯打过的阿嘎土作为特别的天然原料，虽坚硬但具备柔韧性，与西藏土木石结构呼应，使建筑在光照、气温变化等自然因素的影响下合理收缩，具备压力排解缓冲功能。

此外，布达拉宫顶部为非承重墙体，选用轻薄的牛粪砖，既减轻墙体重量，又便于临时改造修缮。在建筑朝向与采光设计上，遵循坐北朝南原则，利用联排窗格最大化接收日光，且门窗布局对称，避免了视觉上的杂乱。

布达拉宫平面示意图

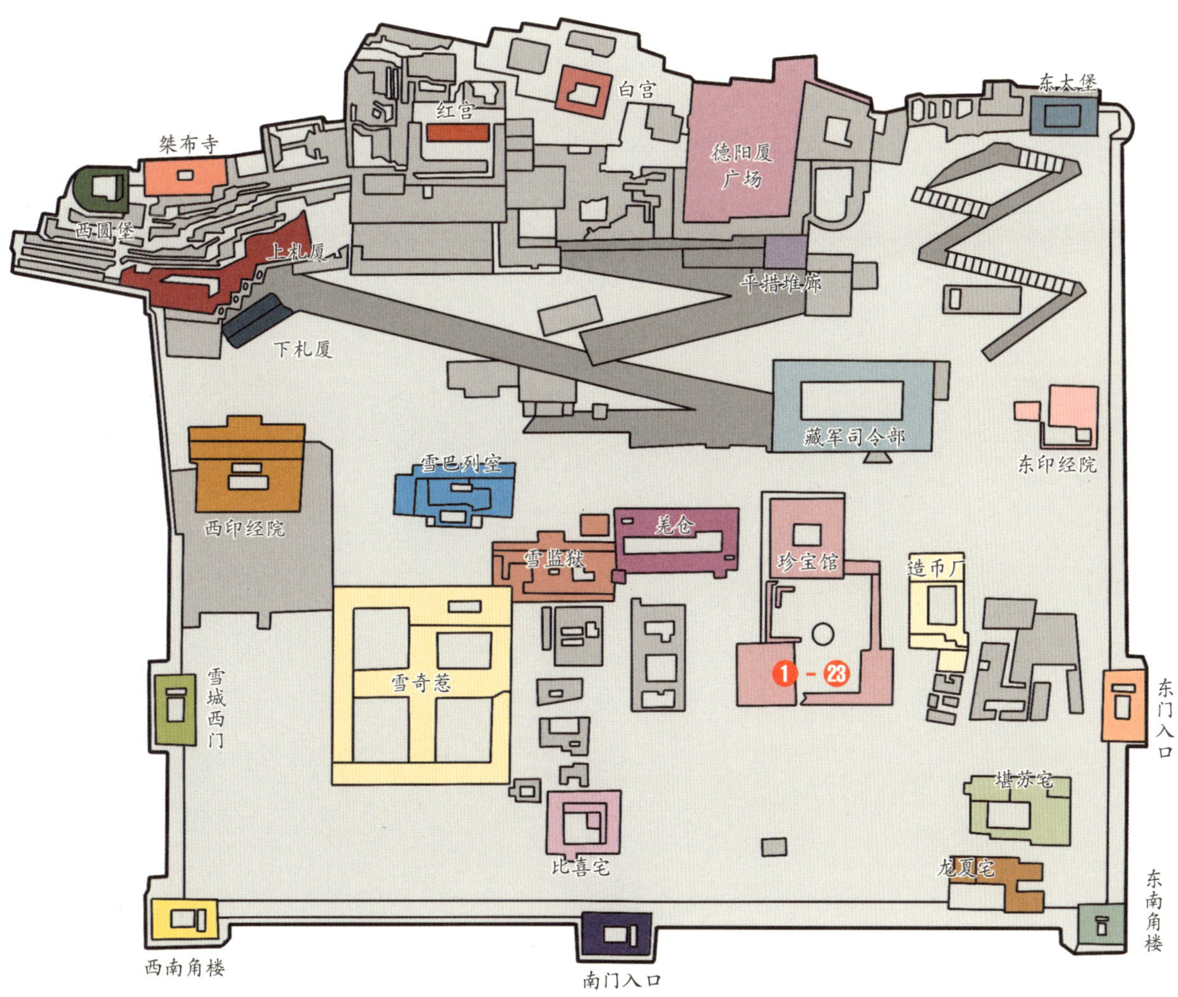

1. 莲花生八名号像
2. 镀金铜镂空提梁香炉
3. 八瓣莲花大威德金刚曼陀罗
4. 嵌松石璎珞纹尊胜瓶
5. 松赞干布像
6. 双龙戏珠菊瓣金盘
7. 净水瓶
8. 雕花银曼荼罗
9. 鎏金嵌宝石双耳瓮
10. 龙柄僧帽壶
11. 长寿瓶
12. 鹤踏龟执壶
13. 释迦牟尼佛坐像
14. 錾花执壶
15. 粉彩八宝纹茶碗
16. 粉彩八宝纹雕瓷鼻烟壶
17. 粉彩缠枝花卉纹多穆壶
18. 绿釉茶炉茶壶
19. 嵌宝石鎏金银马鞍
20. 金银汁书写《般若八千颂》经书
21. 释伽牟尼像唐卡
22. 五部陀罗尼坛城唐卡
23. 碧玉万寿纹龙钮盖执壶

注意 本书中的文物所在位置是以作者当前写作阶段和以前特展时的位置为参考标注的，由于各博物馆经常会有临时特展或巡回展，所以无法保证文物位置固定不变，请各位读者知晓，以实际的参观情形为准。另外，一些珍贵的书画等文物平时都收在库房里，只有举办特展或是巡回展时才展出，因此不能代表本书所示位置。

镇馆之宝

- 莲花生八名号像
- 镀金铜镂空提梁香炉
- 八瓣莲花大威德金刚
- 曼陀罗
- 嵌松石璎珞纹尊胜瓶
- 松赞干布像

莲花生八名号像

莲师八变

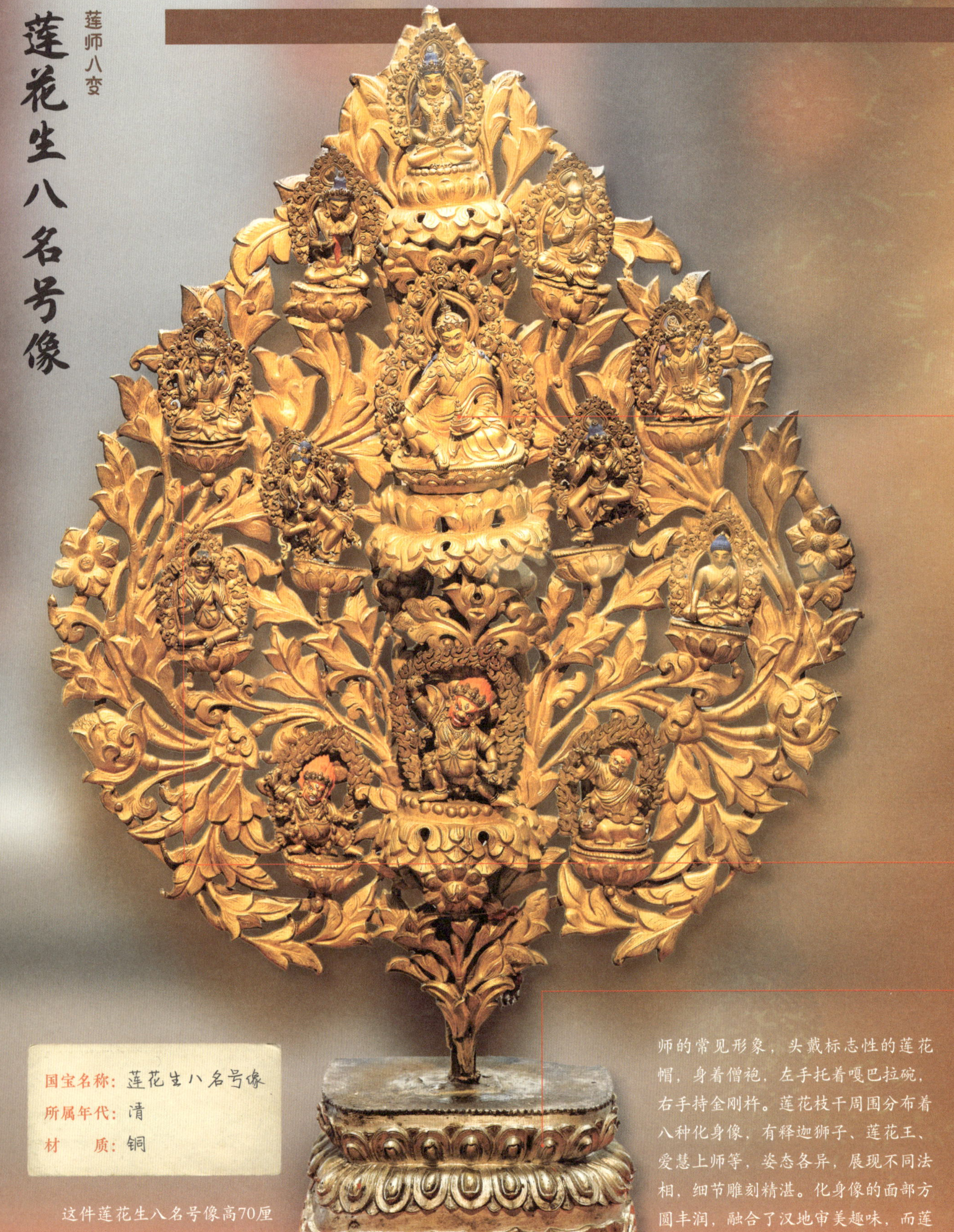

国宝名称：莲花生八名号像
所属年代：清
材　　质：铜

这件莲花生八名号像高70厘米，宽47厘米。

造像以一株枝繁叶茂的莲花为主体，花枝中央顶端为无量寿佛；莲花花蕊处端坐着莲花生大师的常见形象，头戴标志性的莲花帽，身着僧袍，左手托着嘎巴拉碗，右手持金刚杵。莲花枝干周围分布着八种化身像，有释迦狮子、莲花王、爱慧上师等，姿态各异，展现不同法相，细节雕刻精湛。化身像的面部方圆丰润，融合了汉地审美趣味，而莲花座带有扎什琍玛造像的藏族风格。在造型与工艺上是历史上藏汉文化交流融合的有力见证，充分印证了历史上藏汉文化交流的深度与广度。

莲花中央端坐的莲花生大师是常见形象。他头戴莲花帽，身着的僧袍简洁而不失庄重，线条流畅自然，尽显修行者的质朴内敛，体现了修行者对物质欲望的淡泊，专注于内心修行的精神追求。

主干下承银质仰俯莲台座，莲瓣造型优美，线条流畅。莲台饰有缠枝纹样，采用镀金工艺，仰莲寓意向上生长、绽放光明，俯莲象征慈悲庇佑众生，银质更添高贵庄重。

这件莲花生八名号像采用铜镀金工艺，选材精良，铜质厚实。八种化身像姿态各异，神情生动，细节刻画入微。造像底座为银质仰俯莲台，通过莲花的多层叠加，强化了“出淤泥而不染”的佛教寓意。银为莲台座增添了高贵与庄重之感。银台座光泽柔和而内敛，与铜镀金的主体部分相得益彰。

围绕在周围莲枝上的是莲花生大师的八种不同的化身像，这些化身像的造型细节丰富多样，或怒目而视，或盘腿而坐，刻画的细腻程度不亚于莲花中央的主尊。

小提示

莲花生大师，作为8世纪来自印度的佛学大师，出生于邬仗那地方（今巴基斯坦境内）。他学识渊博，精通显密经纶。751年，应吐蕃赞普赤松德赞的诚挚邀请，莲花生大师毅然踏上入藏之路，肩负起传播秘法的重任。在藏地，他建立了桑耶寺这一佛教圣地，并积极组织翻译经典，为佛教在西藏的传播与发展奠定了坚实基础。

镀金铜镂空提梁香炉

精美华丽的『散香器』

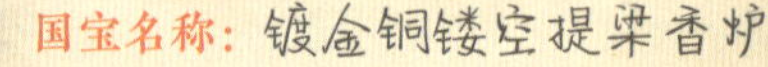

国宝名称：镀金铜镂空提梁香炉

所属年代：清

材　　质：铜

这件镀金铜镂空提梁香炉高30.5厘米，底径14.8厘米。

整体由炉身、盖和提链三部分巧妙构成。香炉的炉身为直口、鼓腹、圈足的造型，炉腹上部环绕一周如意纹，腹部正中錾刻团龙纹，圈足上饰垂莲纹。炉盖的盖身刻有龙纹与花草纹，采用镂空工艺，便于香气从盖孔中袅袅飘出。

这种香炉在藏传佛教文化中具有特殊的用途，一般在重大喜庆和法事活动中迎接活佛高僧时使用。它不仅是一种实用的焚香器具，更是宗教仪式和文化传承的重要象征。

花草纹

龙纹

忍冬纹把手

垂莲纹

这件镀金铜镂空提梁香炉造型规整，纹饰丰富，做工精巧。炉腹上部的如意纹立体感强，质感厚实，寓意吉祥如意。圈足上所饰的垂莲纹层次分明，象征着圣洁与慈悲，使香炉具有了宗教文化底蕴。炉身上方还有与炉盖形制相似的带着金属坠饰的盖饰，提链后接红、黄、绿三色织物编制的布条提梁，风格鲜明独特。

炉盖镂空部分饰有龙纹与花草纹，龙纹与炉腹部的团龙纹相呼应，强化了香炉的威严之感；花草纹则为香炉增添了一分自然的生机与灵动之美。二者刚柔并济，相得益彰。

香炉上配有忍冬纹把手。忍冬纹是一种具有悠久历史的装饰纹样，具有坚韧、永恒的寓意。忍冬纹独特的曲线赋予了把手别样的美感，既实用又美观，为香炉整体造型增添了灵动的气息。

腹部两侧正中均錾刻团龙纹，线条遒劲有力，龙身蜿蜒灵动，龙鳞刻画细致入微，仿佛巨龙在云海中翻腾，尽显威严庄重，暗示了这件香炉拥有者的身份尊贵。

器物小知识

材质各异的香炉

香炉，在生活里既能用来熏香，让环境香气宜人，又常用于祭祀等庄重场合，承载着人们的美好祈愿。其材质丰富多样：玉香炉质地细腻；珐琅香炉图案精美，风格华丽；瓷香炉釉色丰富，独具瓷韵……这些材质不同的香炉，满足了人们在不同场景、不同审美下的需求，也让香文化变得更加丰富多彩。

青白瓷连座双耳香炉（元，台北故宫博物院）

玉花式双柄香炉（清，台北故宫博物院）

温润的玉质香炉

这是一件玉质带盖香炉。盖钮雕一朵花卉，花心嵌红色尖晶石，盖面及器腹雕番莲纹。香炉双柄也雕成盛开的花卉，花心也嵌红色尖晶石。此炉材质温润，器体造型简洁中富有内涵。

天然树根炉（清，台北故宫博物院）

淡雅的瓷质香炉

此件香炉为元代流行样式，器物虽小巧，但腹部有明显上下分段模制的接痕，座底也有左右模接痕，是元代瓷器中常见的成型工艺。器身模印着纤细的卷草纹，胎体洁白，釉色浅青。

质朴的树根香炉

这款香炉造型为经典的双耳三足鼎式炉，古朴典雅，配玉顶木盖。炉身取天然瘿木，略修琢磨制，保留自然纹理，主要用于焚香，增添雅趣。

掐丝珐琅香炉（五供）（清，台北故宫博物院）

鎏金香炉（清，台北故宫博物院）

精美的珐琅香炉

这件香炉为铜胎，通体装饰丰富华丽：盖钮镂雕番莲花叶，盖壁有如意云头形开光，开光外雕卷草纹。颈部饰卷枝花，腹部与足部满饰皮球花，足外侧饰蕉叶，纹饰繁而不乱，层次分明。

耀眼的鎏金香炉

这件鎏金香炉通体金黄，以莲花为装饰主题。两侧以莲花茎曲折为耳，腹外壁覆莲瓣，如半开莲花，颈外有莲花枝叶，口部盛开一朵莲花。整体设计如大莲花中直上盛开小莲花，别具趣味。

实用的提梁器物

拓展话题

提梁是指篮子、水壶等供人提起的把手部分，是兼具美观性与便携性的设计，方便手持搬运。提梁壶，最早出现于北宋时期，由于当时流行用炉火直接煮茶，为了提拿方便不烫手，因而出现了提梁壶，其在各种生活场景中发挥了重要作用。下面我们一起来看看这个方便的设计都有哪些应用和款式吧。

雅俗共存的鸳鸯壶

这只五彩鸳鸯提梁壶属于17世纪的贸易瓷，在海外市场广受欢迎。然而，当时一些文人觉得这种鸳鸯样式的瓷器实在不雅，卍字纹更是俗气。这鲜明的对比，凸显出文人品味与市场风格之间存在显著差异。

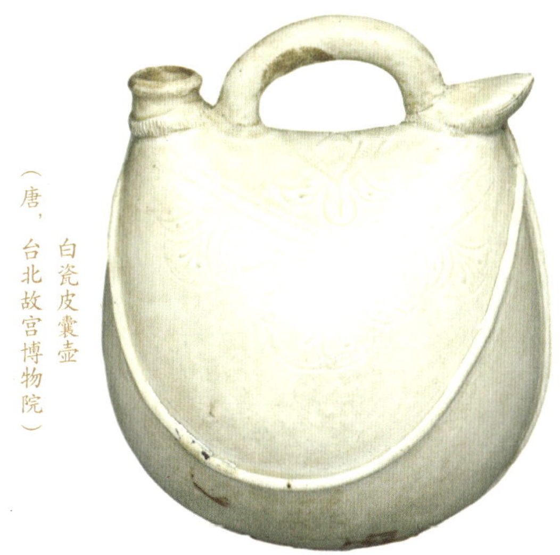

白瓷皮囊壶（唐，台北故宫博物院）

“进口”的皮囊壶

这只皮囊壶因外形似皮革水囊，得名皮囊壶。壶体上扁下圆，有管状口，中间有提梁，仿若皮革缝成的囊袋，具有异域情调，是唐朝胡风盛行的产物，当时也叫“马镫壶”“马挂壶”。

古老的提梁卣

这件铜胎画珐琅提梁卣双耳连接着绳索状提梁，器表以金色为地，周身满绘回纹锦地，饰以夔龙纹、兽面纹等复古纹饰，工艺精湛，独具韵味。

铜胎画珐琅提梁卣（清，台北故宫博物院）

五彩鸳鸯提梁壶（明，台北故宫博物院）

玉荷叶洗（明至清，台北故宫博物院）

优美的荷叶笔洗

这件笔洗以青玉为材，由大型籽料精雕而成。造型仿半卷半张的荷叶，侧边缀有小荷叶、叶梗与水草。口沿处，一枝色泽略绿的草叶横架，巧妙化作提梁，整体浑然天成。

八瓣莲花大威德金刚曼陀罗

国宝名称：八瓣莲花大威德金刚曼陀罗
所属年代：明
材　　质：铜

这件八瓣莲花大威德金刚曼陀罗为复制品，高81.4厘米。

这件曼陀罗属于法器，其做工的精美程度令人叹为观止。这件密宗供奉像以立体曼陀罗呈现，中央莲台置大威德金刚主尊，八瓣莲花内侧安置眷属尊，莲瓣可自如开合，象征密法流传广布，上方饰水瓶伞盖形扣件，闭合时状如花蕾。莲茎设计巧妙，从水中生出，两侧的花枝弯转盘绕，莲茎下方左右各有一尊奔跑的龙王。台座卷草间隔处饰以动物，还有“大明永乐年施”铭文。莲瓣开合呈现不同的视觉形象，是明代鎏金技艺与佛教艺术的完美融合。

这件八瓣莲花大威德金刚曼陀罗以八瓣莲花为基形，莲瓣上细节丰富，刻画精妙。曼陀罗中央为大威德金刚主尊，造型威严，四周环绕众多护法神，形象生动，布局严谨。其造型、技法与风格特征均为明初永宣造像典型样式，无疑是明代宫廷汉藏艺术交融的精湛之作，堪称佛教造像珍品。

莲心处的大威德金刚，即大威德明王，是文殊菩萨化身的怖畏金刚，为密宗修法中的五大明王之一。因具伏恶扶善之力而得名，又因形象为牛首人身、多臂多足，也称“牛头明王”。

花瓣开启，内里是一个佛教世界。花蕊与花瓣上有以大威德金刚为首的系列尊像。莲花打开，尊神显现；莲花闭合时，则成遮蔽诸尊的圆满花蕾。八瓣莲花开合自如，宛如拥有生命一般，无论开放还是闭合，其效果都令人惊叹不已，完美呈现出“一花一世界”的绝妙意境。

尸林景象是藏传佛教美术中的常见题材，莲瓣外侧的尸林景象图案丰富，雕刻细腻生动，与莲瓣内的雕刻相互呼应。

花瓣上有一对起到枢轴作用的小耳，花瓣通过小耳巧妙地与顶盖衔接在一起。这一细节设计十分精妙，而且在工艺上同样采用了鎏金手法，精细程度令人赞叹。

国宝放大镜

莲茎从水中生出，花枝在两侧弯转盘绕，枝蔓卷曲柔韧，充满生命力。花枝所围成的圆形中间，有度母和金刚萨埵像。在莲茎下方，左右各有一尊向着莲茎奔跑而来的龙王。龙王形象被刻画得栩栩如生，姿态充满力量感。

水瓶伞盖形扣件做工华丽，扣件顶部是佛教八宝之一的水瓶，象征着清净、智慧与福泽。水瓶底下的双层台座装饰繁复精致，在光线的映照下，熠熠生辉，璀璨夺目。整个伞盖造型立体感十足，层次分明，为这件扣件增添了一份庄重又华丽的美感。

大鹏鸟面饰

龙王

下方的台座卷草纹形似水波和浪花，其间巧妙穿插各种动物。其上有“大明永乐年施”铭文，明确了其制作年代与出处。

寓意美好的莲花

莲花在藏族文化中地位极高，是佛教艺术的重要象征。在西藏，莲花被视为至清至洁之物，广泛应用于塑像、壁画等艺术形式中。乾隆皇帝御赐布达拉宫“涌莲初地”金字匾额，寓意布达拉宫为圣洁莲花诞生处。在西藏地区传承千年的“吉祥八宝”之一的“妙莲”图案代表着纯净圣洁，可见莲花在藏族文化中有着重要的地位。除了在藏族文化中，莲花也一直是文物中的重要题材，下面一起来看看与莲花相关的都有哪些珍贵文物吧。

铜胎画珐琅莲花盖碗
（清，台北故宫博物院）

逼真的莲瓣碗

盖碗上的三重莲瓣纹层次清晰，每瓣皆精巧细致，立体呈现莲花绽放之态。莲瓣脉络清晰分明，圈足设计成莲柄样式，与整体莲花造型相呼应，使整个盖碗如莲池盛开之莲，尽显优雅活力。

典雅的莲塘纹盖罐

珐华瓷器在元明时期的山西地区盛行，其色彩明艳、胎体厚实，多用作庙宇供器。这件盖罐全器罩深蓝色釉，花纹施黄、绿、褐三色釉。盖面与器身绘莲塘、鹭鸶。设色典雅沉稳，带有田园野趣的气息。

珐华三彩莲塘纹盖罐
（清，台北故宫博物院）

饱满的红莲漆盒

这件漆盒以莲花为造型基础，整体圆润饱满。将花瓣重叠关系抽象化，盖与身皆呈俯视莲花形。盒盖中心为六角形莲心含莲子，最外层是桃形花瓣，瓣间有心形及类似重叠花瓣，排列整齐又不失灵动。

剔红莲花圆盒
（明，台北故宫博物院）

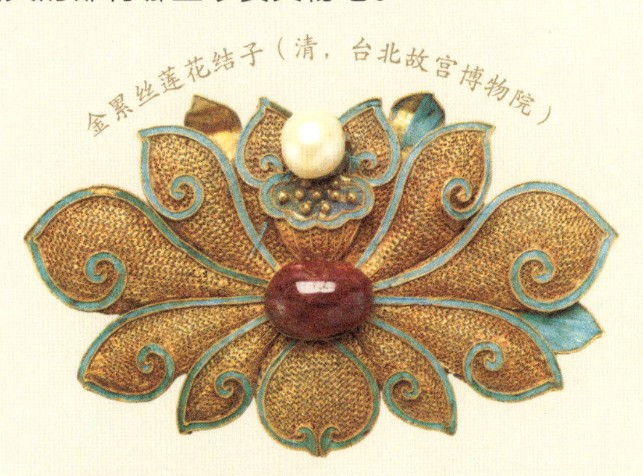

金累丝莲花结子（清，台北故宫博物院）

华贵的莲花结子

结子，也叫“珠结”“珠滴”，是装饰于额头中央的头饰，常固定在眉勒或钿子上。这枚金结子形如绽开的莲花，花蕊正中嵌一颗红宝石，周围累丝莲瓣环绕，瓣缘点翠，花蕊上方莲蓬嵌珍珠，工艺复杂，成品惊艳，多为皇宫后妃佩戴。

铜镀金番莲花
（清，台北故宫博物院）

精致的金莲供器

这尊镀金番莲花供器，由一朵盛开之花与一朵含苞待放之花构成，枝叶弯曲繁茂，朝四方延展。圆形底座模拟莲蓬形态，颗颗莲子清晰逼真。底座外缘錾刻莲瓣纹路，是用于佛前供奉的器具。

嵌松石瓔珞纹尊胜瓶

『戴项链』的瓶子

国宝名称：嵌松石瓔珞纹尊胜瓶
所属年代：清
材　　质：银

这件嵌松石瓔珞纹尊胜瓶高51厘米，底径17.5厘米。

瓶身为银质，整体造型端庄典雅，采用盘口设计，直颈鼓腹，圈足外展。盘口和底座錾刻勾莲纹，腹部装饰则以繁复的瓔珞纹为主体，嵌以绿松石连珠装饰，局部铜饰镀金，形成金、银与绿松石色彩的交织对比，视觉效果华丽而庄重。

尊胜瓶在藏传佛教中主要用于宗教仪式，常作为供奉法器或盛装圣水的容器。此外，它也被用于储藏珍贵药材。无论是从造型设计、工艺制作，还是文化内涵上，都堪称同类器物中的佼佼者，无愧于“宫廷宝瓶”的美誉。

这件嵌松石瓔珞纹尊胜瓶整体呈稳重大气的轴对称结构，轮廓线条流畅，比例协调。纹饰繁缛而精美，瓶身上的瓔珞纹嵌绿松石连珠装饰堪称整件器物的精华所在，形态优美，层次丰富。连珠环绕在瓔珞纹与绿松石之间，粒粒饱满，光泽圆润，不仅增加了纹饰的层次感，更营造出一种奢华而庄重的氛围。

瓶身嵌有大量绿松石，这种宝石在藏族文化中被视为“天国宝石”，象征神圣、护佑与尊贵。绿松石质地温润，色泽鲜艳，经过工匠仔细打磨后，以瓔珞的形式“佩戴”在瓶身上，使得整个瓶身更加富丽堂皇。

圈足外展，犹如坚实的基石，稳稳地支撑着瓶身，给人一种安定、庄重之感。底座錾刻勾莲纹，与盘口的勾莲纹相呼应，进一步丰富了瓶身的装饰层次。

盘口表面宽大，锤揲微微卷起的莲瓣纹，对应了宗教仪轨中“承接甘露”的象征意义。盘口与瓶颈的莲瓣纹以高浮雕技法錾刻，莲花盛放，细节栩栩如生。

器物小知识

文物里的璎珞

前面这件嵌松石璎珞纹尊胜瓶的瓶身装饰名为“璎珞”，既是一种首饰，也是瓷器纹饰中的重要题材。最早源于古印度，原为佛教中菩萨、天神的庄严佩饰，由珍珠、宝石等串缀而成，寓意“无量光明”。随佛教传入中国后，逐渐本土化，发展成为华贵的项饰。随后出现在瓷器上成为一种纹样，像是给瓷器戴上了项链。下面我们一起来看看这个贯穿古今的“舶来品”都有哪些样式吧。

洋彩白地番莲纹长颈瓶
（清，台北故宫博物院）

佛像上的璎珞

元代瓷器上的璎珞主要用于宗教瓷塑（如观音像）的立体装饰，采用模印或贴塑技法，以瓷泥圆珠串联成链，增强立体感。这尊水月观音像身前的璎珞正是采用联珠装饰贴塑而成。

景德镇窑青白釉水月观音菩萨像（元，首都博物馆）

瓷器上的璎珞纹

清代官窑瓷器创新运用斗彩、粉彩等技艺，同时添加蕉叶纹、回纹等辅助纹样，构建出丰富的层次。璎珞纹常与缠枝莲纹、杂宝纹组合出现，寓意“连绵富贵”。这件长颈瓶口颈处的璎珞纹则是在如意纹锦地上与团寿纹搭配彩绘而成。

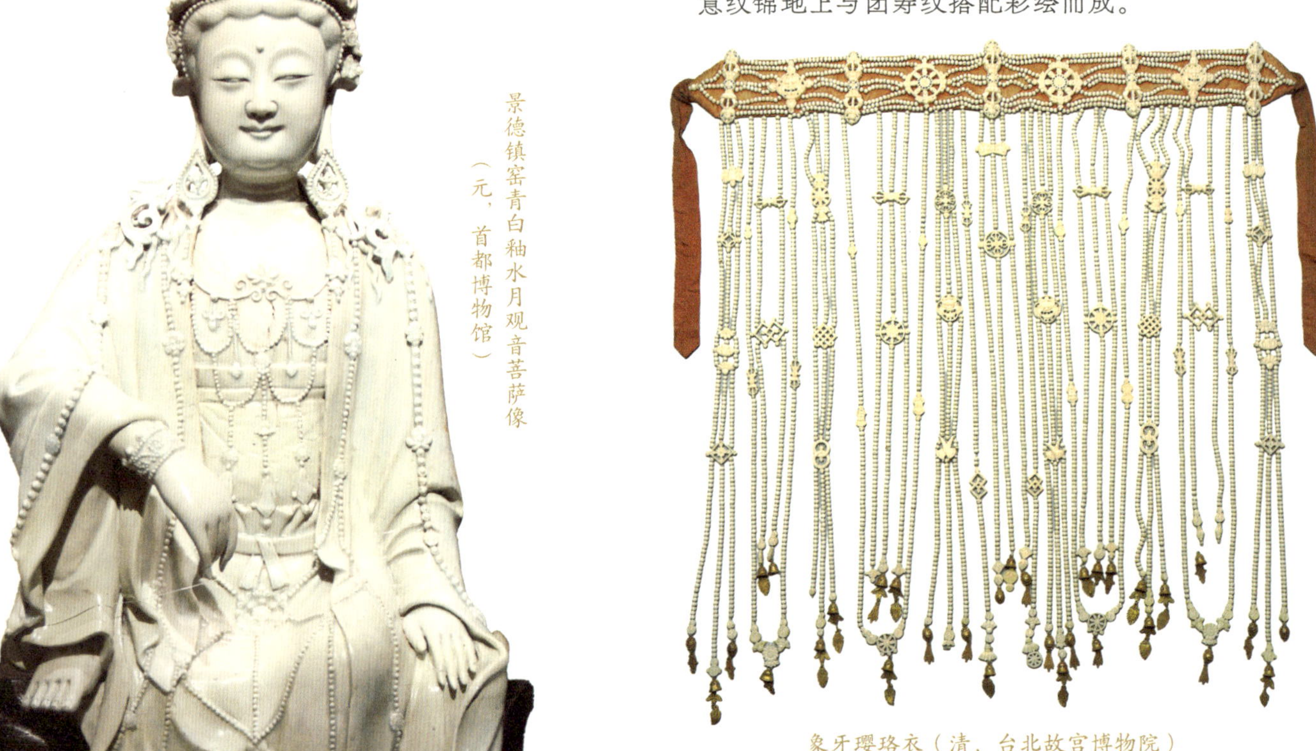

象牙璎珞衣（清，台北故宫博物院）

用于穿戴的璎珞

璎珞最早多用于宗教塑像或祭祀场合，后扩展至世俗装饰。清代宫廷服饰中，璎珞衣以锻绣缀砗磲珠制成。这件象牙璎珞衣是西藏“跳神”舞中法师所穿的服饰之一，由象牙切割雕琢而成，华丽精致。

“东方绿宝石”——绿松石

绿松石是中国四大名玉之一，被誉为“东方绿宝石”，是藏族文化中的吉祥物，被视为神圣的象征，镶嵌在许多宗教器物上。相传它被用于第一个藏王的王冠，是权力与地位的标志。它还被视为十二月的诞生石，象征着希望和成功，又被称作“成功之石”。下面让我们一起来欣赏饰有绿松石的代表文物吧。

金累丝嵌宝石玉带头（明，台北故宫博物院）

“点睛之笔”

玉带头为服饰配件，这件玉带头的带托以玉环为核心，左右各通过一金托镶宝石的带钩来扣合构成。中间的绿松石显得清新明快，结构简单但工艺繁复，搭配的恰到好处。

拓展话题

金嵌松石奔巴壶（清，台北故宫博物院）

“金绿交响曲”

这件金嵌松石奔巴壶表面运用累丝等技法，并镶嵌绿松石，全器以番莲纹为主，整体以金、绿二色为主调，做工精细，色泽华丽。

镶绿松石菊花簪（清，台北故宫博物院）

“绿色菊花”

这支镶绿松石菊花簪，用累丝工艺打造枝干，菊花与叶片皆以绿松石制成，还镶嵌一颗珍珠，精巧别致。

“点点绿叶”

这件镀金宝轮，其上镶嵌着各色料片与绿松石，宝轮下方设有镀金莲花，莲瓣皆由绿松石镶嵌而成。装饰华丽精致，体现了对供器制作的虔诚。

铜镀金嵌料石七政宝——宝轮（清，台北故宫博物院）

西藏金嵌松石珊瑚坛城（清，台北故宫博物院）

“松石堆堆乐”

这座坛城以形态各异的绿松石象征须弥山、四大部洲、日、月等元素，周围环绕着圆润硕大的珊瑚串。整件器物，金属工艺精细繁复，所用珊瑚、绿松石材质皆属上等。

松赞干布像

一代明君的塑像

国宝名称： 松赞干布像
所属年代： 元末明初
材　　质： 铜

这尊松赞干布像高33厘米，宽25厘米。

松赞干布结全跏趺坐于座上，比例匀称。神态栩栩如生，双手叠于腹前，姿势沉稳而庄重。头戴一顶毡帽，身着三角形大翻领袍服，古铜色的衣袍与白色毡帽形成鲜明的色彩对比。发辫顺肩而下，梳理得整齐有序，细腻地展现出当时的发型风格。双手于腹前结禅定印，传递出一种宁静祥和的气息。

整个造像形态优美，将松赞干布的王者风范与内在的智慧、慈悲完美融合，充分体现了松赞干布的精神与气质。

这尊松赞干布像身姿挺拔，古铜色的大翻领袍服为他增添了几分干练与威严。毡帽塑造逼真，给人一种简约而不失庄重之感。耳环造型独特，眉宇间透着睿智与英气。双腿盘坐，身姿端正，给人一种沉稳大气之感。这种坐姿在佛教造像中极为常见，象征着修行者的专注与坚定，暗示着松赞干布作为吐蕃领袖对国家治理的决心。

坐像面目清秀，五官线条柔和且精致，眉如新月，微微弯曲，双眸微微下敛，眼神深邃而宁静，露出一种超凡的智慧与悲悯。鼻梁挺直，嘴角微微上扬，似带着一丝淡淡的微笑，给人以亲切而又不失威严的感觉。

顺肩而下的发辫以深沉的藏青色表现，为他增添了沉稳儒雅的气质。

双手在腹前结禅定印，手势自然而庄重，仿佛正在进入深度的冥想与思考之中。这一细节的刻画，将松赞干布内心的宁静与智慧展现得淋漓尽致。

小提示

松赞干布功绩卓著，他建立了吐蕃王朝，定都逻娑（今拉萨），并主持修建雄伟的布达拉宫。他制定了一系列法律体系，统一度量衡，还创制藏文，全方位推动了吐蕃政治、经济与文化的繁荣发展。不仅如此，他迎娶尼泊尔赤尊公主与唐朝文成公主，并修建大小昭寺，极大地加强了吐蕃与周边民族之间的紧密联系，促进了文化的交流与融合。

馆藏文物

金银器

陶瓷器

其他文物

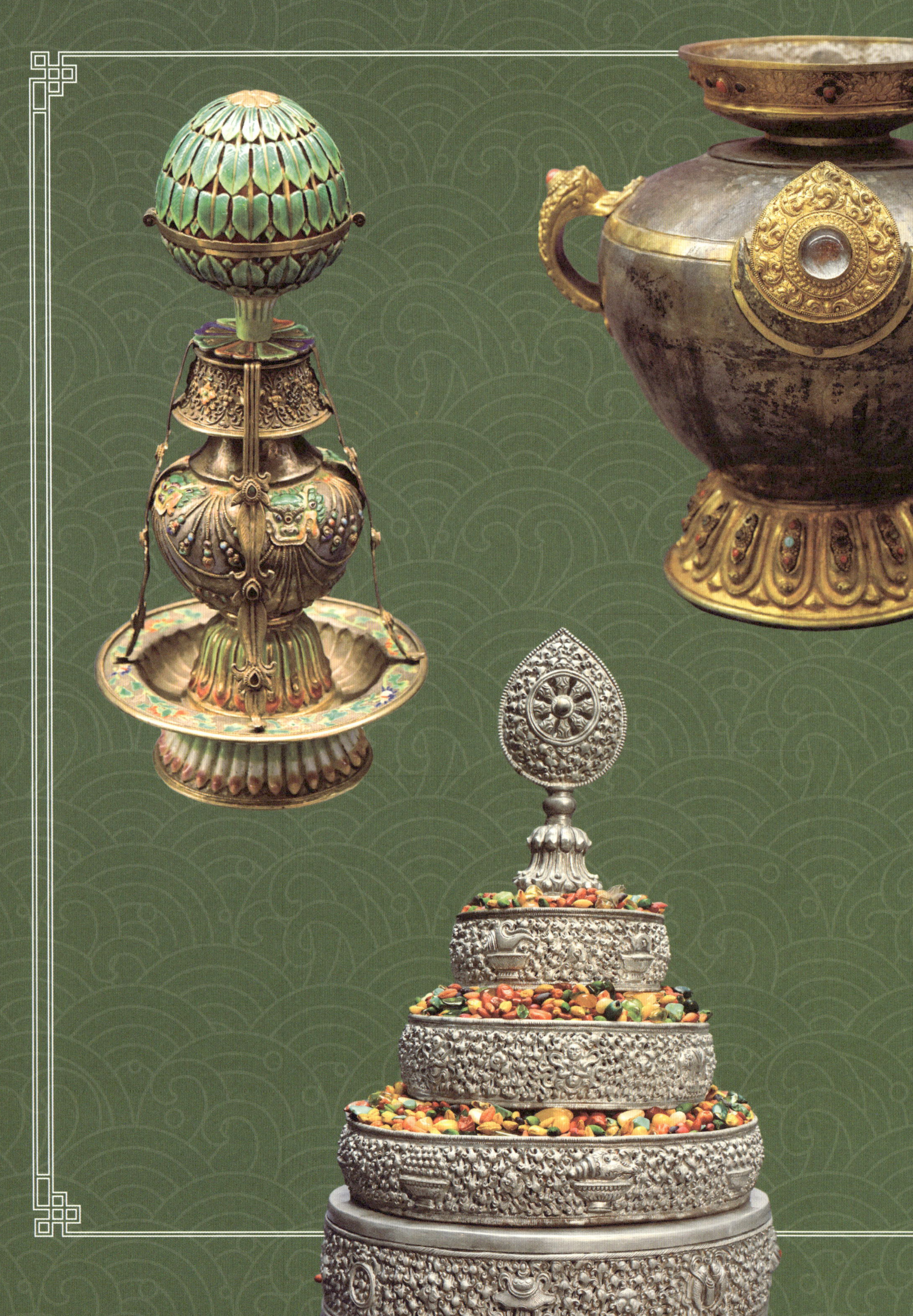

金银器

GOLD AND SILVER WARE

双龙戏珠菊瓣金盘

双龙戏珠『游金菊』

国宝名称：	双龙戏珠菊瓣金盘
所属年代：	清
材　　质：	金

这件双龙戏珠菊瓣金盘口径25.5厘米，底径18厘米。

此盘以黄金为材质，器腹与口沿巧妙地设计成多瓣菊花形，宛如一朵盛开的菊花，优雅而富有韵律。盘底錾刻双龙珠纹，两条蛟龙姿态矫健，围绕着盘中心的火焰宝珠而翻腾，极具张力。口沿处錾刻着缠枝花卉纹，线条流畅，富有韵律感。盘上刻有藏文“17.6两，下膳房”两行字，为这件器物增添了一分神秘的文化气息，也为后人研究当时的器物管理等内容提供了珍贵的资料。

这件双龙戏珠菊瓣金盘做工精致，黄金材质在光线的照耀下璀璨夺目，华贵之气尽显，呈现出喜庆的气氛，更反映出制作敬献者对高僧大德深深的崇敬心理。器形轮廓优美。双龙刻画有力，栩栩如生，立体感极强。仔细看还能发现龙纹底下衬着一丝不苟、排列整齐的窗棂纹，能看出当时工匠的技艺已达到炉火纯青的地步。

口沿上的缠枝花卉纹，以流畅的线条勾勒。花枝相互盘绕，似绸带绵延不绝，寓意吉祥不断。叶片微微卷曲，穿插其间。

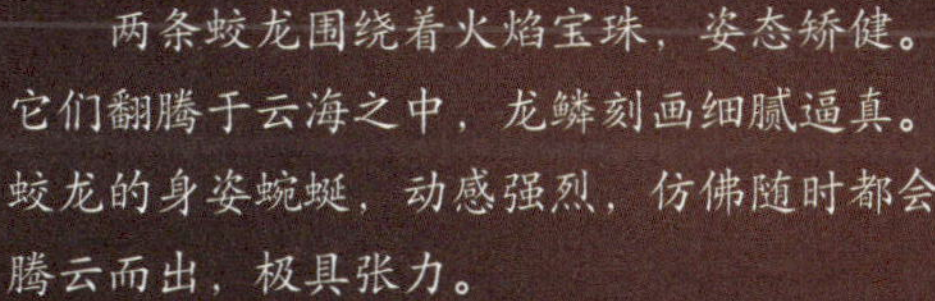

两条蛟龙围绕着火焰宝珠，姿态矫健。它们翻腾于云海之中，龙鳞刻画细腻逼真。蛟龙的身姿蜿蜒，动感强烈，仿佛随时都会腾云而出，极具张力。

盘中心的火焰宝珠熠熠生辉，火焰线条灵动飞扬，仿佛熊熊燃烧，散发出炽热的光芒，象征着吉祥与光明。

净水瓶

异域风情拉满的『洗手瓶』

可开合的注水口

国宝名称：	净水瓶
所属年代：	清
材　　质：	银

这件净水瓶高64厘米，宽25厘米，底径17.5厘米。

这件净水瓶形制独具特色，颈部修长，线条流畅，颈部中央附一帽形圆盘，增添了几分层次感与精致感。附有短流，微微上扬的角度既方便倒水，又不失整体的美感。周身嵌有多个绿松石，蓝绿的色泽与银白的底色相互映衬，营造出一种清新而又高贵的视觉效果。

瓶身的弧度优美，层次分明，繁中带简，展现出一种沉稳的力量感，又不失优雅的气质。这种瓶型在佛教文化中比较多见，净水瓶作为佛教圣物，象征着清净、无染。

瓶颈最顶端嵌有金色的花苞形装饰。瓶颈部有仰莲纹、垂莲纹，它们以不同的形态、长短交替地出现，以连珠纹和卷草纹为间隔，装饰优雅灵动、疏密有致、层次分明。

瓶腹中部的一条点状细带将其分隔为上、下两部分。细带两侧錾刻着花瓣卷曲状的花纹。瓶腹中央装饰着由九个绿松石拼成的图案，每个绿松石大小相近，形状规整，紧密拼接成圆形。绿松石质地温润，纹理天然。

这件净水瓶为银质，整体大气端庄，从瓶底到瓶口，线条过渡自然，一气呵成。色彩搭配清新而典雅，绿松石的镶嵌都极为精细，边缘与银器贴合紧密。底座为形制精美的莲瓣纹，莲瓣微卷、层层交叠衬托，深化了净水瓶作为佛教器具所蕴含的神圣寓意，象征着佛法如莲花般出淤泥而不染，庇佑众生。

小提示

掐丝珐琅奔巴壶
（清，台北故宫博物院）

此壶有流嘴，无执柄，使用时需手握壶颈。在佛教中，奔巴壶可盛装圣水，用于佛像沐浴、赐予信徒加持水，或插奔巴扇置于佛堂，还能淋洒实物以除障去秽。

雕花银曼荼罗

积聚福德的法宝

这件雕花银曼荼罗高28.6厘米，底径18.7厘米。

此曼荼罗作为供器，常于正式修行前的加行阶段使用。构造独特，由大小不同的四个圆筒组成，呈现下大上小的形态，层层叠加，稳如泰山又不失灵动。四个圆筒与顶层的法轮均可拆卸，其雕刻工艺精湛、设计构思巧妙、材质优良精美，是一件不可多得的艺术品。

国宝名称：雕花银曼荼罗
所属年代：清
材　　质：银

这件曼荼罗以银打造，材质的光泽与佛教对“纯净”的追求相契合。曼荼罗由四个下大上小的同心圆筒叠加而成，不仅符合力学原理，使其在摆放时稳固庄重，更寓意着修行者在追求佛法的道路上逐步升华。四个同心圆的外围分别錾刻八吉祥、八瑞物、七政宝、五妙欲等纹样，宛如一部立体的佛教文化典籍。曼荼罗上的彩色小碎石在光线下散发出迷人的光彩，为这件雕花银曼荼罗增添了奇幻的气息。

五妙欲，代表色、声、香、味、触这5种感官功能，分别对应视觉、听觉、嗅觉、味觉、触觉，代表物是铜镜、琴、海螺香水、水果、绫罗。这些象征物，既在佛教仪式里当作供品，也于藏区民居、娱乐场所被用作装饰图案，寓意资财充足、吉祥如意。

七政宝源于古代印度转轮圣王传说，由金轮宝、神珠宝、玉女宝、财臣宝、白象宝、绀马宝、武将宝组成。这些图案象征着四方归一，国君凭借治国才能为百姓开创幸福安康的生活。

八瑞物是敬献给佛陀的具象供品，象征其八正道，包括宝镜、黄丹、酸奶、长寿茅草、木瓜、右旋海螺、朱砂、芥子。在藏传佛教里，它被视为吉祥图案，广泛用于建筑、雕刻、陶瓷等方面，寄托着人们对美好生活的祝福。

曼荼罗最下层錾刻的八吉祥纹，是藏传佛教核心吉祥符号，含法轮、宝伞、胜利幢、宝瓶、金鱼、莲花、白海螺、吉祥结。这些图案寓意吉祥祈福，常以美好祝愿的形式融入百姓生活。

最上方以法轮为顶饰，此法轮与最下层錾刻的法轮相呼应，再次强调佛法的核心地位。法轮上的花纹纹饰繁密而不失立体感，精致细腻。法轮下方为覆莲台座，莲瓣厚重，体积感强。

小提示

曼荼罗法器在藏传佛教中具有重要地位，常见的器物有曼扎盘、金刚杵等。曼扎盘又称“曼扎”或“曼陀罗”，它象征着将整个宇宙缩小在盘上面，通过放置实物进行供养，是能够迅速积聚福德与智慧的巧妙方法。曼扎盘一般为圆形、多层，每高一层体积递减一圈，形似宝塔，通常有4层，每层形成中空的环状，其内可放置五谷杂粮、珍珠、玛瑙等物品。

鎏金嵌宝石双耳瓮

华丽的酒坛子

这件鎏金嵌宝石双耳瓮高36.5厘米，底径22.5厘米。

此类双耳瓮主要用于贵族家庭或宗教仪式中存储酒液，其奢华的材质与装饰凸显使用者尊贵的地位。盘口设计既便于倾倒酒水，又为整件器物增添了一分端庄大气；瓮腹圆润饱满，增加了瓮的容量，是储藏器的绝佳器形。此类器物的制作与使用，是西藏贵族与宗教上层对物质享受与精神信仰的双重追求。

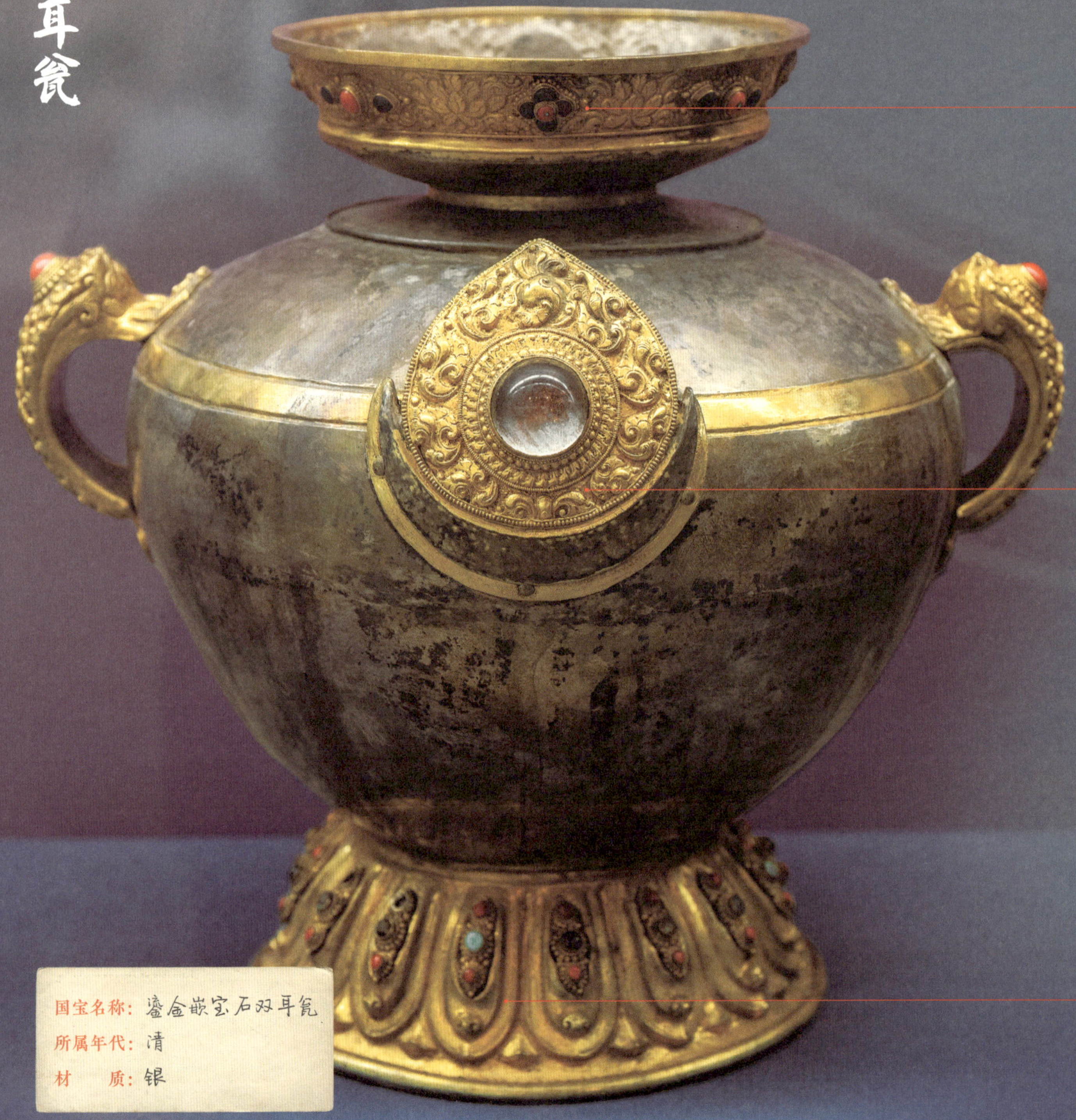

国宝名称：鎏金嵌宝石双耳瓮
所属年代：清
材　　质：银

这件鎏金嵌宝石双耳瓮为银胎，质地致密均匀，器形别致美观，制作工艺复杂。口沿处錾刻卷草纹和莲纹，之后施以鎏金工艺，纹饰在光线下熠熠生辉。双耳同样錾刻着卷草纹和莲纹，与口沿纹饰相呼应，保持了整体风格的一致性。瓮身与瓮足点缀有多色宝石，不仅为瓮增添了绚丽色彩，更赋予其吉祥如意的美好寓意，实为供养与实用相结合的典范。

口沿处的卷草纹和莲纹线条细腻流畅，生动展现出卷草的灵动与莲花的高洁。中间还镶嵌有青金石与珊瑚组合的图案，青金石颜色纯正，在清代，皇帝祭天时佩戴青金石朝珠，所以青金石又被称作“帝王之石”，暗示着这件双耳瓮的拥有者的身份尊贵。

瓮腹中央有鎏金日月纹饰，日月在藏传佛教中象征着智慧与慈悲。纹饰中间的宝石硕大明亮，质地纯净，与周围的金色纹饰交相辉映，寓意天地宇宙的和谐共存，展现出藏族文化对自然的敬畏和理解。

底部的足为鎏金莲花瓣造型，花瓣上也精心装饰着珊瑚、绿松石、青金石等宝石，不仅强化装饰效果，更有宗教寓意：珊瑚在藏文化中象征着祥瑞与护佑，常用于供奉法器的装饰。这些宝石搭配在西藏地区的珍宝上很常见，具有浓郁的地域特色，体现出西藏工匠对自然材料的崇拜与极致利用。

龙柄僧帽壶

『戴帽子』的壶

国宝名称：龙柄僧帽壶

所属年代：清

材　　质：银

这件龙柄僧帽壶高63厘米，底径21厘米。

僧帽壶得名于其口沿与颈部形似僧帽，给人一种庄重之感。其颈部饰行龙，身姿矫健，线条流畅；腹部中间的团龙身躯盘曲，大气磅礴。银与金的组合符合藏传佛教对纯净与神圣的追求，同时银质酒器在西藏贵族中象征着财富与地位。僧帽壶一般是民间举办盛大节庆时所用的酒具。这件僧帽壶做工精致华美，纹饰彰显尊贵。它是研究西藏民俗文化与手工技艺发展的珍贵实物资料。

这件龙柄僧帽壶线条流畅且比例协调，兼具实用性与美观性。口沿、颈部、腹部及圈足均鎏金，金色与银胎形成对比，突显华丽庄重。壶身下的仰瓣莲纹装饰内镂雕花草装饰，使壶身增添了几分柔美的气息，与壶柄矫健的龙形成刚柔并济。壶的圈足部分依旧是藏式器物中常见的莲台样式，莲瓣厚重、立体感强，既起到了装饰作用，又使壶在放置时更加平稳。

颈部的图案以行龙为主，龙在祥云间穿梭游动。周围以回纹装饰，为整件器物增添了几分神秘而古老的氛围。行龙图案寓意吉祥如意、风调雨顺，展现出当时人们对美好生活的向往与祈愿。

腹部中间为团龙纹，龙身环绕，线条流畅，给人一种沉稳大气之感。团龙纹刻画精细，可见身上细腻的鳞片，既展现出龙的威严庄重，又与该壶的龙柄造型相得益彰。

壶柄制作独具匠心，被巧妙地设计成一条正攀附于壶身的龙。龙前爪紧贴着“僧帽”的一侧，口紧咬壶沿，目炯炯有神。龙首绿色的毛发后披。龙须为弹簧形，十分独特。龙鳞片片分明。龙尾饰忍冬纹，龙后爪紧贴壶腹，二者既起到了装饰作用，又能使壶柄得到有力的支撑。

器物小知识

材质多样的僧帽壶

僧帽壶，因口、颈形似藏传佛教僧侣的帽子而得名。其造型多为阔颈、鼓腹、瘦底、圈足，壶身一侧设宽带形曲柄，另一侧有鸭嘴状流槽。明代永乐、宣德时，汉藏文化交流频繁，景德镇御器厂大量烧制僧帽壶，其中白釉和红釉制品尤为名贵。它是藏族人民礼佛时盛放茶、酒的器具，除瓷器外，还有玉器、掐丝珐琅器等。下面让我们一起来看看都有哪些精美独特的僧帽壶吧。

精美珐琅

这件僧帽壶为不可多得的珐琅彩器物，数量较少。底色与缠枝莲纹的色彩对比强烈，突出醒目，从花纹布局和特点来看应该属于明代早期的壶。

掐丝珐琅莲纹僧帽壶（明，西藏博物馆）

玉僧帽壶（清，台北故宫博物院）

莹润玉石

这件僧帽壶由玉制成，口沿造型独特，有着长颈、鼓腹和圈足。整器的外壁、口沿以及流口，都装饰着浅浮雕的缠枝花卉。

青花藏文穿莲双龙纹僧帽壶（明，台北故宫博物院）

淡雅青花

这件僧帽壶通体以青花装饰，遍布吉祥纹样，部分纹饰晕散现象显著。口沿内侧绘制穿莲双龙纹，外侧则是缠枝灵芝。壶颈和流口饰有穿莲双龙纹。器腹中央书写着一圈藏文经文。

宝石红釉僧帽壶（明，台北故宫博物院）

明快孔雀绿

孔雀绿釉又称翡翠釉，釉色鲜艳青翠，透亮浓烈。这种施釉工艺在明代时已成熟，清康熙时期尤其盛行。由于孔雀绿釉器物的烧制难度较大，且僧帽壶的造型独特，因此这件孔雀绿釉的僧帽壶尤为难得。

孔雀绿釉番莲纹僧帽壶（清，台北故宫博物院）

经典红釉

此壶胎骨轻薄却十分坚实，表面施红釉，色泽艳丽宛如红宝石。明宣德时期的宝石红釉颜色纯正鲜红，在器物的口部、足部或转折棱边，常常能看到一圈白釉形成的“灯草边”，此壶正是如此。

独具特色的西藏器物

拓展话题

西藏，这个位于雪域高原的神秘地区，其器物不仅形制独特，而且还蕴含着独特的宗教文化，是藏地历史与信仰的生动体现。这些器物不仅是宗教仪式用品，更展现着藏传佛教的独特魅力，是西藏文化的重要载体。下面我们来看看这些带有神秘气息的西藏器物吧。

银镀金花鸟纹葫芦式奔巴壶（清，台北故宫博物院）

奔巴壶

这件奔巴壶外壁以细格纹为底，焊贴镀金花草图案，錾雕细腻，风格虽异于中原但题材取自汉人吉祥寓意。

镀金坛城（清，台北故宫博物院）

坛城

坛城中央的须弥山高高耸起，呈现出山岳从四方簇拥而起的形态，上面楼榭台阁密布。坛面上插立着十五个镀金圆牌，里层为七政宝，外层是八吉祥，精致又讲究。

粉彩绿地花卉纹塔形龛（清，台北故宫博物院）

塔形龛

这个佛龛是清宫作品，龛内有一尊佛像。藏式塔龛是宫内或用于赏赐蒙、藏庙宇的常见供物，乾隆时期景德镇窑厂大量烧制。塔身以绿色为底，须弥方座则装饰着紫红色底面的番莲纹。

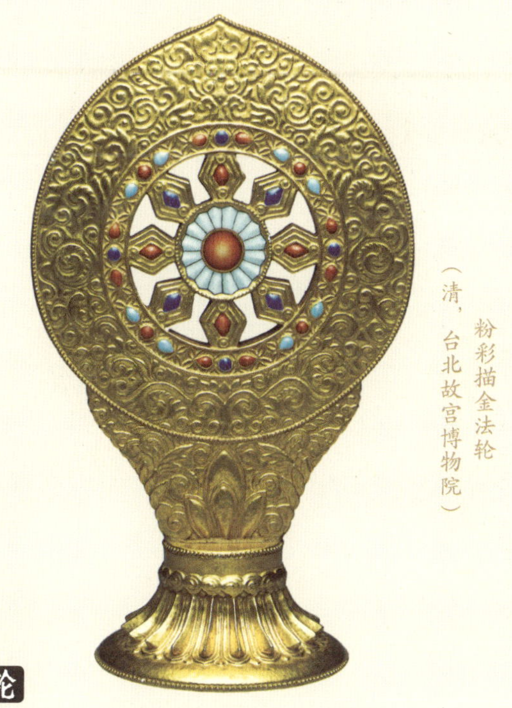
粉彩描金法轮（清，台北故宫博物院）

法轮

这件金彩法轮属于陶瓷器，整体施金釉，纹饰丰富。为凸显法轮的神圣寓意与夺目外观，还用红、蓝、绿三色宝石镶嵌图案。

长寿瓶

“瓶”添福寿

这件长寿瓶高24厘米，底径8厘米。

长寿瓶既是重要的供器，也是无量寿佛的手持物，承载着人们对长寿、吉祥的美好祈愿。整个长寿瓶由瓶、托盘和插饰三部分巧妙组合而成。瓶口饰鲜艳夺目的八宝纹，四片花叶从瓶口垂落至托盘，既起到装点作用，又能使瓶身更加稳固。瓶身塑有异兽吐宝图案，周围还镶嵌着珊瑚与绿松石等，二者相互映衬，更寓意着吉祥如意与富足安康。

这件长寿瓶整体色彩搭配丰富而和谐，形制既美观又稀有，是长寿瓶中不可多得的珍品。

国宝名称：长寿瓶
所属年代：清
材　　质：银

这件长寿瓶通体以银色为地，散发出宁静、祥和的气息。在此基础上，运用绿、红等珐琅釉进行填色。瓶口处绘佛教中象征吉祥的八宝纹，纹样精致鲜艳。瓶身四周垂落着花叶装饰，叶片脉络清晰，还起到支撑作用，构思巧妙。瓶身主体的瑞兽寥寥几笔，但神态毕现，点缀其间的珠宝排列规整，多彩缤纷，搭配瓶身的珐琅彩共同构造了一件精美华丽的珍宝。

插饰部分为叠层仰覆莲纹的球形，虽为莲纹，但通体施以翠绿明亮的珐琅彩，看起来更像多枚蕉叶纹覆盖的球。球中部配有可打开的零件枢纽，精致小巧且不突兀。球的根部被描绘成枝茎的样式，下接多彩圆盘，与底下的托盘相呼应。

圈足以覆莲纹为饰，花瓣塑造层次分明。莲瓣的尖端微微翘起，绿红渐变的珐琅彩过渡和谐，尽显灵动之美。与之相匹配的托盘，装饰着珐琅彩仰覆莲纹，色彩鲜艳丰富，红、绿、蓝等色交替穿插，富有生命力。

异兽神情灵动，仿佛正奋力吐出珍宝，寓意着吉祥与财富。珍宝如同璎珞环绕着瓶身，珊瑚如热烈火焰，绿松石似湛蓝天空……各色交相辉映，为瓶身增添了高贵气质。

鹤踏龟执壶

龟鹤延年，长寿吉祥

国宝名称：鹤踏龟执壶
所属年代：清
材　　质：银

这对鹤踏龟执壶高31厘米，底径14.5厘米。这对执壶造型设计独具匠心，将万年龟与长寿仙鹤组合在一起，寓意万寿无疆。执壶的壶把，设计为竹节形状，与注水口和龟壳相连接。龟的头部从壳中自然伸出，与鹤腹巧妙相连，起到支撑、装饰等多重作用。鹤背上设置有杯状的注水口，上面满饰带有寓意的图案。底座同样精彩绝伦，刻有鹿、灵芝和祥云等，与主体的动物寓意相呼应。它们不仅是精美的盛酒器，更是民族间的友好往来与文化交融的见证，是清朝皇帝赠予布达拉宫的尊贵礼品，有着深厚的文化寓意与历史渊源。

壶把上精心打造了用于悬挂链条的小孔，小孔虽小，却彰显了制作工艺的精细，为执壶增添了实用性与趣味性。

竹节形的壶把形态逼真，纹理清晰。底部呈金色，恰似春笋破土。顶端与竹叶巧妙相接，竹叶脉络清晰，为整件器物增添了一分灵动与自然之美。

这对执壶的造型灵动，鹤身姿态优雅，头部微微上扬，颈部修长且线条优美，腹部的羽毛刻画细腻。龟头部与鹤腹相接并刻有祥云纹，线条流畅、自然灵动，寓意着吉祥如意、瑞气盈门。竹节形壶把不仅造型美观，还给执壶整体增添了文化韵味。

注水口上刻有祥云纹与竹叶纹，两种纹饰相互交织。竹叶纹线条简洁而富有韵味，与竹节形壶把相呼应。金银相间的装饰手法，使纹饰更加醒目，金色的璀璨与银色的素雅相互映衬，营造出华丽、高雅的氛围。

底座上的灵芝、鹿、祥云共同构成了一幅充满生机与祥瑞的画面。鹿，象征着健康长寿、吉祥如意；灵芝，在传统文化中被视为仙草，具有起死回生、延年益寿的神奇功效；祥云则再次强调了吉祥如意的美好寓意。这些元素代表着福、禄、寿，展现出古人对美好生活的向往与追求。

释迦牟尼佛坐像

佛光普照，金光闪闪

国宝名称：释迦牟尼佛坐像
所属年代：元末明初
材　　质：铜

这尊释迦牟尼佛坐像高35厘米，宽24厘米。

这尊佛像呈现出一面双臂的经典形象，面容清秀，线条柔和。头饰为深蓝色螺发，排列整齐有序，符合藏传佛教造像的规范。其形态为佛像常见的盘腿坐姿，右手搭在腿上，左手掌心朝上。佛像身后，火焰纹背光与头光交相辉映，两者结合烘托出佛像的神圣性，进一步增添了其华丽与庄重。

佛像双腿结全跏趺坐于方形台座上，方形台座采用山石座的造型。这尊佛像是藏传佛教艺术中尼泊尔与中国西藏风格交融的典范之作，其形制、纹饰与工艺均体现了跨地域文化交流的深度。

触地印

台座采用山石座形式，两侧有立体雄狮像，雄狮身姿矫健，威风凛凛。雄狮在藏传佛教中象征护法，山石台座则可能受西藏高原地理环境的启发，两者融合了西藏本土的自然崇拜元素与佛教象征符号。

这尊释迦牟尼佛坐像比例合度，面容清秀柔和，蕴含着无尽的慈悲与智慧。螺发细密规整，顶部发髻高耸。佛像的手势极具深意，右手自然下垂，结触地印，左手则置于腹前，施禅定印，代表着其内心的平静与专注。

佛像身着袒右肩袈裟，衣质轻薄贴体，衣纹自然流畅，无繁复褶皱。这种萨尔纳特风格衣饰处理手法源自印度笈多艺术，后经尼泊尔传入中国西藏，成为尼藏风格造像的典型特征，展现出佛像超脱尘世的气质。

禅定印

山石座之间装饰系飘带的立杵，表现形式较为独特，飘带的轻盈与山石的厚重形成鲜明对比，增添了画面的灵动感，与山石形的台座形成一柔一刚的对比，更增添整个台座的层次感。

鎏花执壶

遍布花纹的『金葫芦』

国宝名称：鎏花执壶
所属年代：清
材　　质：铜

工匠们利用黄金的卓越延展性，精心雕刻出金质的龙吞流口，充分展现了金工艺的精细与卓越。

这件鎏花执壶高56厘米，宽33厘米，底径16厘米。

这件执壶呈葫芦形，象征着福禄双全。壶把手和流均为细长形状，与葫芦形壶身形成鲜明对比。三环图案是整个纹饰的核心部分，分别有莲花、卷草纹，以及如意宝、法轮等图案。流作细长的龙首状，仿佛欲吐出甘霖，龙须等细节也塑造得一丝不苟。下附圈足并饰垂莲纹，为整个执壶增添了一份稳重与端庄。

这件执壶的造型应为清代宫廷的规制，体现了当时清宫与西藏地区的紧密联系。

整件执壶造型优美，纹饰构图饱满，璀璨华贵，工艺精致。壶身束腰，使整体造型更具层次感。如意形的把手兼顾了实用性与美观性。壶腹的三环图案繁而不乱，内环图案是莲花与法轮，左右两侧各有如意宝图案。如意宝象征着能满足人们的一切美好愿望，为纹饰增添了祥瑞之意。中央四周饰以卷草纹，充满生机与活力。外环再饰以莲花，层层莲花环绕，进一步强化了神圣、美好的氛围。

壶盖设计精巧，盖上有莲蕾状钮，小巧精致，与壶腹图案相呼应。莲蕾钮下，立体垂莲纹莲瓣层叠。再下是灵动的卷草纹，线条轻盈。盖沿环绕规整回纹，连绵不断。整体纹饰疏密有度。莲蕾钮通过链子与把手相连，这条链子不仅是一种装饰，更保证了壶盖与壶身的紧密联系，设计巧妙，工艺精致。

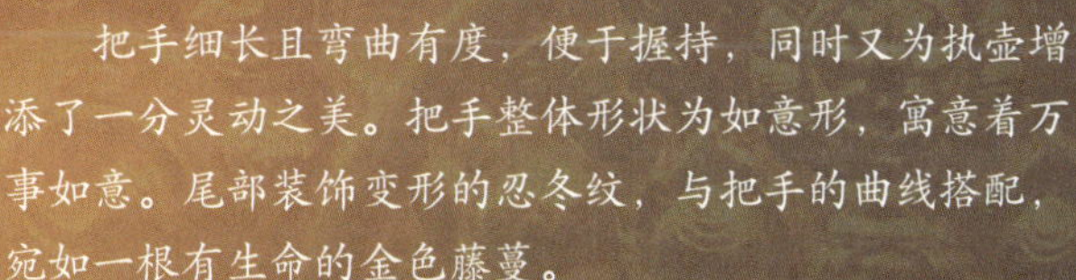

把手细长且弯曲有度，便于握持，同时又为执壶增添了一分灵动之美。把手整体形状为如意形，寓意着万事如意。尾部装饰变形的忍冬纹，与把手的曲线搭配，宛如一根有生命的金色藤蔓。

最内环的图案是莲花托起的法轮。莲花在佛教文化中象征着纯洁与神圣，莲瓣细腻，纹理清晰，线条灵动。法轮虽小但塑造细腻，下面托举的莲花甚至可见细小的纹路，精致到令人叹为观止。

陶瓷器

CERAMIC WARE

粉彩八宝纹茶碗

吉祥八件套

这套粉彩八宝纹茶碗口径约10.5厘米，高约6厘米，底径约4厘米（各碗尺寸略有差异）。

碗口沿外撇，深腹，直壁内收，圈足规整，整体造型端庄典雅。瓷质细腻温润，胎体轻薄，上手质感良好。碗腹中部以粉彩绘八宝纹，即藏传佛教的“吉祥八宝”，包括法轮、白海螺、宝伞、胜利幢、莲花、宝瓶、金鱼、吉祥结，象征佛法护持与吉祥圆满。

八宝纹自元代传入内地，明清时期广泛应用于宫廷器物上，成为瓷器装饰中的重要图案之一。

国宝名称：粉彩八宝纹茶碗

所属年代：清

材　　质：瓷

粉彩是清代瓷器的重要装饰技法，以玻璃白打底，施彩后用笔晕染，呈现柔和渐变效果。此碗的八宝纹线条流畅，色彩明丽，大胆又协调的撞色搭配，展现了当时粉彩技术的成熟。

这套粉彩八宝纹茶碗为敞口设计，口沿微微外撇，深腹，碗底内收，线条流畅自然。粉彩颜料在釉面上的附着性良好，色彩过渡自然，展现出细腻、匀净的质感，给人一种柔和、雅致的视觉享受。茶碗以粉彩工艺绘制吉祥八宝图案，碗口沿的红色雷纹为茶碗增添了古朴、典雅的气息，也起到了增强装饰性的作用。

釉面光滑平整，光泽柔和，胎体细腻洁白，釉面莹润，没有明显的瑕疵和气泡，符合官窑制瓷标准。

碗下部饰如意纹一周，寓意吉祥如意，与八宝纹形成呼应，强化了器物的祈福功能。

碗口沿的红色雷纹装饰是清代官窑瓷器的典型特征，雷纹象征富贵连绵，多见于宫廷器物。此类纹饰常以矾红彩绘制，与白釉底色形成鲜明对比，凸显华丽感。

粉彩八宝纹雕瓷鼻烟壶

小巧中见恢宏，方寸间显万象

壶盖镶嵌着一颗红珊瑚，珊瑚色泽鲜艳，质地温润，起到点睛的作用，同时兼具身份象征功能。壶口部分包金并绘有回纹，金的光泽与珊瑚的温润相互映衬，为壶增添了几分古朴、典雅的气息。

壶底环绕一周如意云纹，纹饰精致小巧，象征祥瑞与福寿绵长。

国宝名称：粉彩八宝纹雕瓷鼻烟壶
所属年代：清
材　质：瓷

这件粉彩八宝纹雕瓷鼻烟壶高9厘米，宽4.5厘米。

鼻烟壶的尺寸小巧玲珑，无论是置于掌心把玩，还是随身携带，都极为便利。壶身为瓷胎，纹饰为藏传佛教八吉祥图案，采用雕瓷工艺，即在瓷胎上施以浮雕、镂雕技法，纹饰层次分明，立体感极强。壶口包金，饰以回纹，壶盖镶嵌红珊瑚。

八吉祥纹镂雕、红珊瑚镶嵌等细节，反映了藏传佛教艺术的深刻影响。鼻烟壶本身就是清代贵族社交文化的典型器物，结合藏地信仰符号，成为多元文化交融的缩影。

这只鼻烟壶造型端庄秀美，体现了清代宫廷器物的精致风格。色彩柔和雅致，以红、黄等色为主，富丽而不失清雅。纹饰匀称排列，雕工细腻繁复，既符合藏传佛教严谨的艺术制度，又融入中原瓷艺的写意风格，集雕刻、彩绘、镶嵌、金属工艺于一体，堪称清代工艺美术的典范之作。

双鱼图案以矾红彩精心绘制，色泽浓郁深沉，在粉彩花纹的映衬下，更显庄重华丽。在佛教文化里，鱼行水中，畅通无阻，代表着解脱、超越，象征着摆脱尘世烦恼，获得心灵自在。鱼身鳞片刻画细腻，线条飘逸灵动，似在水中欢快游动。

缠枝花卉纹色彩柔和雅致，与矾红双鱼形成鲜明对比。花朵肆意绽放，多色相交，充满韵律与美感。枝蔓缠绕，向四周延伸，无穷无尽，寓意生生不息、福寿延绵。

器物小知识

款式丰富的鼻烟壶

鼻烟壶是盛装鼻烟的便携小容器。明末清初鼻烟传入中国，鼻烟盒逐渐东方化，演变成鼻烟壶。其款式丰富，材质多样，像玛瑙、瓷、银等，有因物象形的、镶嵌宝石的、内画的……手法多样，每一款都令人爱不释手。接下来让我们一同欣赏不同款式的鼻烟壶吧。

银胎画珐琅西方仕女鼻烟壶（清，台北故宫博物院）

西洋画风类

这只扁壶形物件精美非凡，一面镶西方仕女画并罩玻璃，具有异域风情；另一面嵌尖晶石、蓝宝石等，尽显奢华。圈足底嵌碧玺，壶两侧有兽首衔环，搭配嵌珠与绿玉制的盖子，整体显得华丽精致。

珊瑚竹节式鼻烟壶（清，台北故宫博物院）

造型夸张类

这件鼻烟壶以珊瑚石雕成竹节状，镂刻竹枝、梅干，有蝴蝶、蜜蜂点缀，盖为珊瑚石雕成的螳螂与竹节，造型精巧，工艺绝妙。

玛瑙花蕾鼻烟壶（清，台北故宫博物院）

因材造型类

这件鼻烟壶别具一格，以灰白色半透明玛瑙雕琢成花蕾状，造型精巧，如含苞花朵。壶盖精心雕制为花蒂，与玛瑙壶身造型、色泽完美契合。

装饰华丽类

此模制鼻烟壶造型独特，两面开光绘玉兰、海棠、牡丹等，寓“玉堂富贵”。配描金瓷盖与象牙匙，精致华丽，具有艺术与文化韵味。

瓷胎粉彩玉堂富贵鼻烟壶（清，台北故宫博物院）

异彩纷呈的粉彩瓷

粉彩瓷起源于清康熙初期，此时画法简单，多平涂，施彩厚重，色彩单调深沉。至雍正时，粉彩瓷变得精美雅致，工艺显著提升。到乾隆时达鼎盛，风格艳丽，色彩繁多，将粉彩瓷艺术推向新高度，成为中国陶瓷史上浓墨重彩的一笔。虽然出现的时间晚，但仍留下了不少精美的作品。接下来让我们欣赏这些漂亮的粉彩瓷吧。

粉彩镂空几何纹盘（清，台北故宫博物院）

西洋风格的几何盘

清代瓷器上的西方纹样主要受18世纪欧洲艺术风格的影响，尤其是法、荷、英等国的设计元素。这件几何纹盘中的几何纹装饰使盘身富于动感。

粉彩太平有象尊（清，台北故宫博物院）

生动的吉祥瑞象

粉彩太平有象尊为清乾隆年间极具代表性的陈设瓷器。象是“祥”的谐音，同时象身的宝瓶又与“太平”谐音，寓意吉祥太平。这件粉彩太平有象尊通体以粉彩装饰，目光温驯的象具有美好的寓意。这件器物也代表了当时粉彩瓷烧制的高超水准。

拓展话题

粉彩镂空垂云转心瓶（清，台北故宫博物院）

创新好玩的转心瓶

清代的瓷器在工艺上更进一步，这件粉彩镂空垂云转心瓶就是当时创新式地烧造出来的。腹部外镂雕云蝠纹，瓶的肩部与颈相连，瓶心可自由旋转，工艺难度极大。

粉彩镂空云龙纹转心冠架（清，台北故宫博物院）

实用的镂空冠架

冠架虽在清代并不稀奇，但这件粉彩镂空云龙纹转心冠架不仅具备架帽的基本功能，镂空的球体还可以放入鲜花、香丸等熏香之物，精致的器形与纹样还兼顾赏玩功能。

粉彩缠枝花卉纹多穆壶

超大号奶茶壶

国宝名称：粉彩缠枝花卉纹多穆壶
所属年代：清嘉庆
材　　质：瓷

这件粉彩缠枝花卉纹多穆壶高45厘米，口径13厘米，足径13厘米。

壶身整体呈筒状，口沿处饰僧帽状边饰，前设凤首形壶流，后配龙形执柄，造型挺拔别致，兼具实用性与装饰性。壶身为瓷质，胎体细腻，粉彩绘缠枝花卉纹，纹饰布局匀称，色彩明艳。粉彩工艺成熟于雍正、乾隆时期，嘉庆时期继承其繁缛华美的风格。此壶釉质莹润，彩绘层次分明，堪称嘉庆粉彩器的上乘之作。

清代造办处为满足册封、法事及赏赐需求，大量制作多穆壶。这件多穆壶，可能是清代皇帝赏赐给西藏高僧的御制品，反映了清廷对藏地文化的尊重与融合，见证了清代中央政府与西藏地区紧密的文化交流。

壶身以缠枝花卉为主题纹饰，缠枝藤蔓如灵动的丝线，蜿蜒盘绕于壶身，连绵不绝，象征着生生不息、福寿延绵。花朵饱满娇艳，形态各异，以细腻的笔触描绘，栩栩如生，仿佛散发着阵阵芬芳。这些花卉图案不仅展现了自然之美，更蕴含吉祥之意。

壶流为凤首形，在绿地瓷胎上绘制粉色的凤凰，眼神灵动，线条流畅，富有曲线美。清新的粉绿色壶流与后方沉稳的红棕色壶柄形成鲜明的色彩对比，同时还呼应了中原文化中龙凤呈祥的皇家意象。

这件多穆壶继承了清乾隆时期粉彩繁复的奢华风格，釉彩结合巧妙，绿釉底色清新明快，粉彩花卉色彩鲜艳丰富，对比强烈却又和谐统一。壶身被3条绿地花卉纹箍带分割成4部分，口沿处以深蓝色釉彩勾勒僧帽形的边缘。壶身以缠枝花卉为主题纹饰，枝叶连绵卷曲，花朵饱满。

小提示

掐丝兼绘珐琅多穆壶（清，台北故宫博物院）

多穆壶是蒙藏民族经常使用的一种壶具，最早出现在元代，里面通常装的是奶或酥油茶，早期多为木质，以皮带或金属带加固，具有浓郁的民族特色和风情。藏语称多穆壶为“董莫”或者“多穆”，蒙语称其为“东布壶”。明清时期，随着清廷对藏传佛教的重视，多穆壶逐渐演变为宗教法器和宫廷赏赐高僧的礼器，材质亦转向金属胎珐琅、瓷质等更华贵的类型。它虽被用于祭祀活动，但仍具有一定的实用性，并非完全的礼器。

绿釉茶炉茶壶

国宝名称：绿釉茶炉茶壶
所属年代：清
材　　质：陶

这套绿釉茶炉茶壶通高52厘米，底径18厘米，整体造型古朴厚重。茶炉设计简约实用，炉身敦实，为盛放燃料提供了足够空间。炉壁造型简洁，仅刻画线条简单的图案作为装饰。整套器物表面均施绿釉，绿釉色泽独特，明亮中带着沉稳，有如墨玉。在藏族人民的日常生活中，酥油茶是不可或缺的饮品，这套绿釉茶炉茶壶便是极为普遍的温茶器具。唯有达赖、班禅和世家贵族才能拥有金壶，而最常见、最接地气的便是陶壶，眼前这套绿釉茶炉茶壶便是其中的代表。

壶嘴的釉色并不均匀，土黄色的胎体若隐若现，质地粗犷，表面可见细小砂粒和气泡，凸显藏族陶器不拘细琢的自然风格。

这套茶具整体遵循实用原则，通体施绿釉，没有任何彩绘或镶嵌装饰。茶壶敞口设计，口沿外部刻有波浪形的纹样，壶颈衔接自然，隐约可见上面的垂莲纹。壶体浑圆饱满，鼓腹宽肩可装大量酥油茶。壶把呈半环形，弧度贴合手掌，便于提握。炉身中间为一条凸起的弦纹装饰，连接两侧的炉耳。底座稳固，装饰简洁，虽无过多装饰，却因手工制作的痕迹而独具韵味。

炉身釉色莹润古朴，呈现出青草般的翠绿色调，局部因烧制温度差异或使用痕迹略有深浅变化。这种绿釉工艺可能融入了藏族人本土审美偏好，以素雅沉静的绿色呼应高原的纯净自然。

炉耳的造型装饰略带俏皮，形似绿色蕨类植物，微微弯曲，与绿釉相得益彰，仿佛充满生机，似在炉边悄然生长。使用时人们可通过握持炉耳来移动茶炉，避免烫伤。

小提示

藏区人民在日常使用茶具泡茶时，会先将细碎的牛粪和炭火放入茶炉内。牛粪作为高原常见的燃料，燃烧稳定且持久。待炭火燃起，把打好的酥油茶缓缓倒入茶壶中，再将茶壶稳稳置于茶炉之上。为了更好地保暖，还会在茶壶口上覆盖一块棉片。如此一来，人们随时都能喝上热气腾腾的酥油茶了。

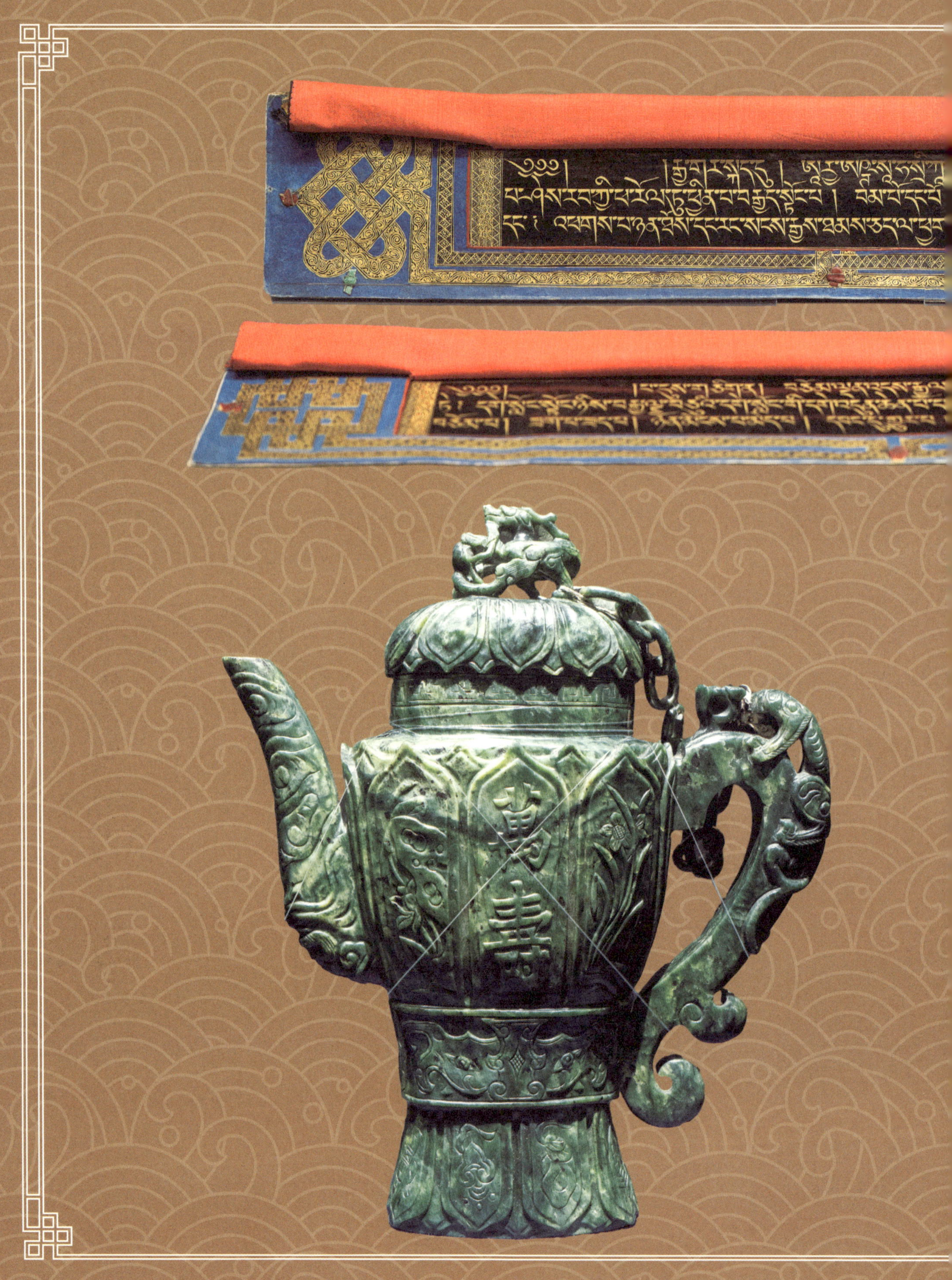
萬壽

其他文物

OTHER ARTIFACTS

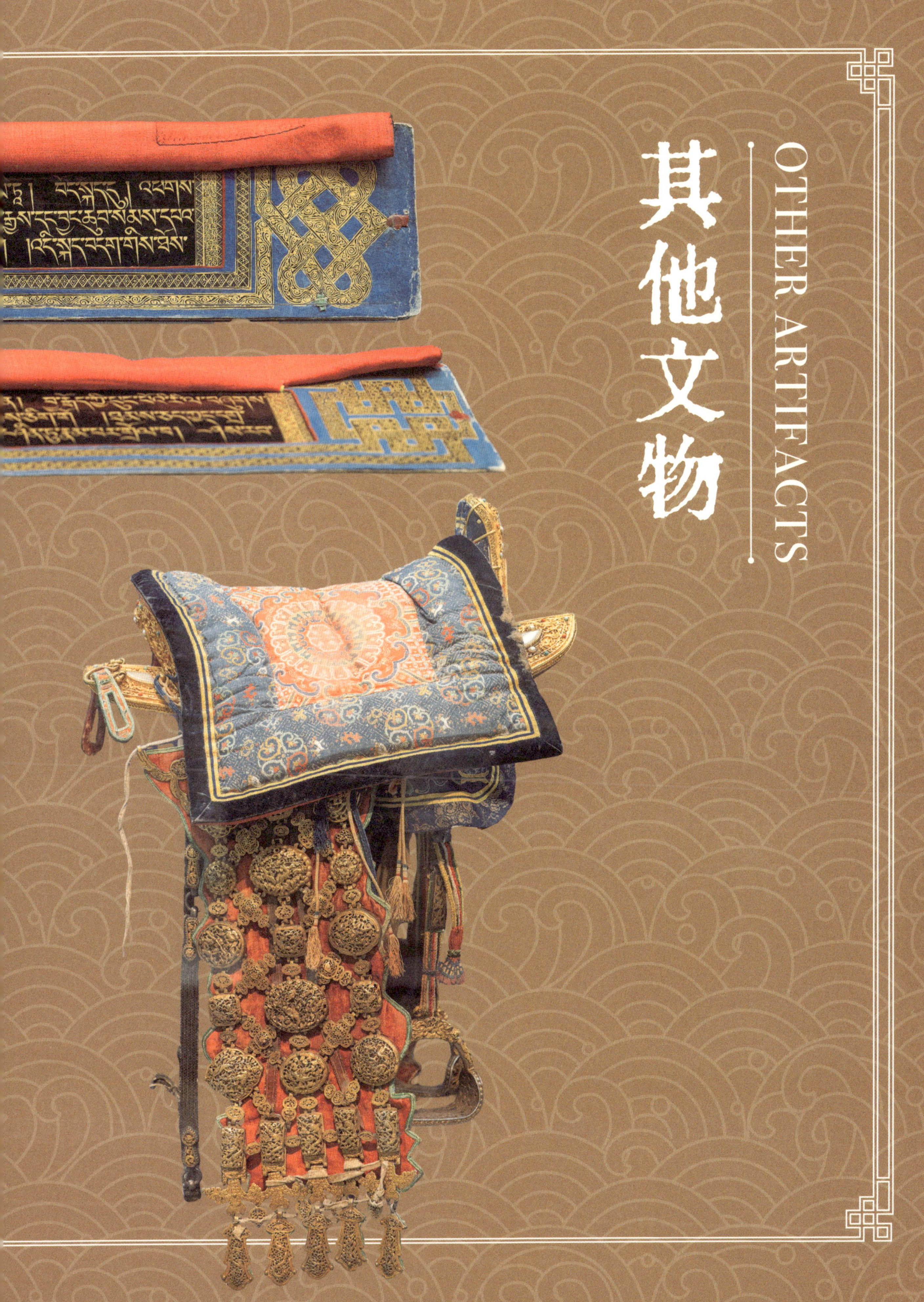

嵌宝石鎏金银马鞍

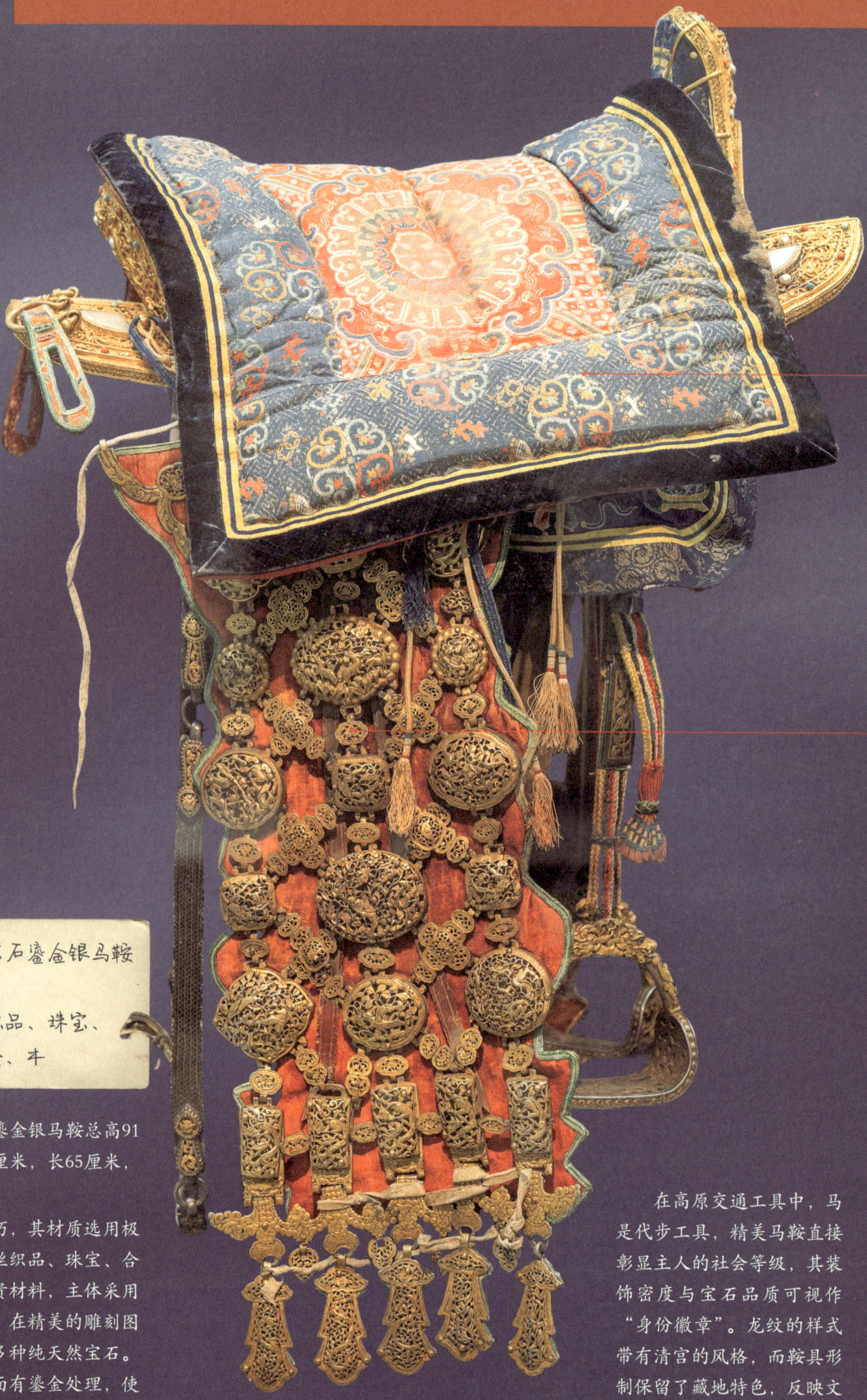

国宝名称：嵌宝石鎏金银马鞍
所属年代：清
材　　质：丝织品、珠宝、合金、木

这副嵌宝石鎏金银马鞍总高91厘米；马鞍高29厘米，长65厘米，宽69厘米。

马鞍构造精巧，其材质选用极为考究，融合了丝织品、珠宝、合金与木等多种珍贵材料，主体采用鎏金银工艺打造，在精美的雕刻图案之间，镶嵌着多种纯天然宝石。马镫为铁制，表面有鎏金处理，使其在坚固耐用的同时也不失华丽。

在高原交通工具中，马是代步工具，精美马鞍直接彰显主人的社会等级，其装饰密度与宝石品质可视作“身份徽章”。龙纹的样式带有清宫的风格，而鞍具形制保留了藏地特色，反映文化互动中的选择性吸收。

这副马鞍上的金银合金经鎏金工艺处理后，表面璀璨，浮雕龙纹、宝珠纹及卷草纹，线条繁复流畅，兼具汉地龙图腾的威严与藏地纹样的灵动。鞍身镶嵌纯天然宝石，包括珊瑚、玉石、绿松石等，以藏传佛教七宝中的典型材质突显神圣性与尊贵感。鞍垫与鞍褥选用顶级丝绸制作，兼具舒适性与装饰性。马镫铁质鎏金，錾刻藏地特色图案，鎏金层既能防腐又强化了视觉冲击力。

鞍垫与鞍褥采用上等绸缎制作，彰显出其品质的高贵。缎面上的图案具有浓郁的西藏当地风格，遍布寓意美好的吉祥纹饰。图案色彩丰富，运用细腻的丝线绣制而成，针法精细，表面看过去平整光滑无起丝。

鞍垫底下的装饰十分吸睛，由多个圆形和菱形的金属装饰构成。通体采用了鎏金工艺，镂空雕刻各种祥瑞图案，如鹿、鹤、灵芝等，每个图案之间又用“十”字形的镂空饰带连接。下面还挂有形状多样的坠饰，金光熠熠，奢华无比。

马鞍主体采用鎏金工艺打造，表面精雕细镂着龙、卷草等纹样。卷草纹线条流畅，富有动感与韵律；龙身蜿蜒盘旋，龙鳞细腻逼真，表明这件马鞍的使用者身份尊贵。

金银汁书写《般若八千颂》经书

宗教与工艺的完美结晶

国宝名称：金银汁书写《般若八千颂》经书

所属年代：明末清初

材　　质：蓝靛纸

蓝靛纸是一种藏族手工纸，采用植物染料蓝靛染色，其制作历史能追溯到约8世纪的吐蕃时期。它一般由多层藏纸黏合而成，表面经蓝靛染色并抛光处理后，呈现出深邃的蓝色，不仅有防腐、防蛀的特点，而且深蓝色还象征着佛教的庄严与智慧，因此常被用来抄写宗教典籍。

这件金银汁书写《般若八千颂》经书长49.5厘米，宽8.5厘米，以梵文或藏文书写，主要阐述“性空幻有”的大乘佛教核心思想，因其长度适中而在藏区最为流行。

金银汁的制作工艺可追溯至吐蕃时期，是将黄金或白银研磨成粉末后调和成液体，书写时采用特制竹笔。这种工艺不仅凸显经书的尊贵性，也体现了藏传佛教对经书的崇敬。

金银混合汁液书写的经文在蓝靛纸上形成鲜明的视觉对比，营造出华贵而神圣的宗教氛围。文字采用藏文乌金体书写，字迹工整、清晰。此类经书不仅是宗教典籍，更是艺术与工艺的结晶。其制作融合了造纸、染色、书法、雕刻等多种技艺，反映了藏族工匠的高超水平。

金汁书写在佛教经典里更为常见。用金汁书写的字迹，即便历经百年，依然熠熠生辉。《般若经》大多采用乌金体书写，字体工整，笔画清晰可辨，且布局上十分注重对称，体现了书写者对佛教经典抱有的敬畏之心与严谨态度。

小提示

“八千颂”指诗颂调长度约8000句，是最早的《般若经》形式，大致出现于1世纪中叶。因八千颂的内容恰好为一函的量，在印度、中国西藏等地常能见到信徒施舍钱财来书写《八千颂》。《般若八千颂》除了蓝靛纸版本外，还有贝叶经、木刻版等形式。部分经书的扉页或经板带有彩绘，像用金线勾勒的曼陀罗、释迦牟尼坛城等，此外也存在梵、藏等多语言版本。

释迦牟尼像唐卡

丝线织就的庄严佛像

国宝名称：释迦牟尼像唐卡
所属年代：清
材　　质：丝织品

这幅释迦牟尼像唐卡长110厘米，宽83厘米。

这幅唐卡采用堆绣工艺，呈现出丰富生动的立体感。布局精妙，中央是释迦牟尼佛，其上方左、右分别是七世达赖喇嘛格桑嘉措和五世班禅罗桑益西，左下角则是一位双手捧曼陀罗，以示敬献佛陀的供养人。

在色彩与材质运用上，唐卡上部以蓝色绫为天，下部以黄绿色素缎为地，巧妙使用了十几种不同颜色的缎、绫、绸等丝织品，精心剪裁加工缝缀成两三层或四五层的图案，且堆绣的局部还施以刺绣。佛像的神态刻画细腻，人物形象生动逼真，堪称堆绣唐卡作品中的上乘之作。

释迦牟尼像占据画面中心，双腿盘坐，左手捧着法器，右手放于膝前。神态安详宁静，眉清目秀，眉如弯月，鼻梁挺直，嘴角微微上扬，带着宁静祥和的笑意，尽显佛陀的慈悲与智慧。袈裟上的纹理通过堆绣工艺，生动地表现出衣料的质感和褶皱。

这幅释迦牟尼像唐卡做工精细，配色丰富，下部以黄绿色素缎为地，呈现出大地的沉稳与厚重，与上部以蓝色绫为天形成鲜明对比，又和谐统一。佛像的肤色采用柔和的黄色，与周围鲜艳的色彩形成视觉上的缓冲，突出佛像的主体地位。释迦牟尼坐于莲花台座上，身边的花叶装饰丰富，堆绣赋予的立体感使得这些装饰带有生命力。台座下河流翻滚，线条流畅细腻，与旁边的大地形成疏密对比。

左下角的供养人双手高高捧起曼陀罗，身姿微微前倾，神态专注而虔诚，将对佛陀的敬献之意展现得淋漓尽致。其服饰也颇具特色，衣着线条流畅，通过不同材质丝织品的拼接，凸显出层次感。

裱边为双色设计，内层为清乾隆红色地团龙杂宝纹织金缎，红色鲜艳夺目；外层为清乾隆明黄地团龙杂宝纹织金缎，明黄色象征着皇权和神圣，与内层的红色相互映衬，纹样规整精美，将唐卡衬托得更加庄重典雅。

小提示

堆绣作为刺绣中的特殊品种，也被称为“贴花”工艺。它是用各色质地各异的绫罗绸缎精心剪出人物和图案形状，再在图案背后填充羊毛、棉花，如此一来，画面不仅呈现出丰富而生动的立体感，还展现出织物特有的肌理感，具有浅浮雕般的艺术效果。

五部陀罗尼坛城唐卡

佛像与几何美学

这幅五部陀罗尼坛城唐卡长148厘米，宽98.6厘米。采用彩色绘制，其构图以几何图形为主，从外到内由圆形和几何体形式层层相套构成，布局严谨且充满秩序感。

整幅坛城唐卡构图极为紧凑，没有一丝冗余。图案繁复多变，既有抽象的几何图形，又有具象的佛母形象，抽象与具象手法完美结合，相得益彰。

国宝名称：五部陀罗尼坛城唐卡
所属年代：明末清初
材　　质：布

此唐卡颜色对比强烈，裱边外为大面积的藏蓝色菱形“卍”字纹，裱边为红黄双色莲纹织金缎。中间图案繁复且多变，佛母姿态各异，主次分明，装饰感极强，形式美感显著。坛城两端有十几个金刚、僧侣，角色无一重复，堪称佛教文化的教科书。

正中央位置，是尊贵的大随行佛母或佛。其面容慈悲祥和，五官刻画细腻，眉宇间尽显智慧与慈悲，周身散发着神圣光辉。周围环绕着大千摧破佛母、大孔雀佛母、随行佛母、大寒林佛母，每一位佛母都各具特色，形态各异。这些佛母围绕主尊，形成了一个紧密的修行场域，象征着佛法的强大与包容。

从南北两头的金刚像开始，从外往里数，依次为：金刚图案、水图案、莲花图案。它们分别表示金刚墙、护城河、莲花墙。再往里，内圈正方形图案表示城墙、屋檐，层层深入，最终引领观者的目光到达主尊殿。还巧妙地运用绿、蓝、黄、红4种颜色来表示东、南、西、北四方，色彩鲜明，增强了画面的层次感。

器物小知识

精美的唐卡

唐卡又名“唐嘎”“唐喀”，是藏文音译的宗教卷轴画，装裱悬挂供奉，风格独特，民族与宗教色彩浓厚，有“藏文化百科全书”之称，题材以宗教为主且涉及多领域，存在多个画派。其采用金、银等矿物颜料及藏红花等植物颜料绘制，寓意神圣且不褪色。因绘制要求高、流程复杂，需依经书中的仪轨和上师要求，制作周期短则半年长至十余年，所以手工绘制的唐卡都十分珍贵。现在让我们来看看都有哪些精美又珍贵的唐卡吧。

清乾隆御制罗古罗罗汉唐卡（轴）（清，台北故宫博物院）

清乾隆御制戒博迦罗汉唐卡（镜框）（清，台北故宫博物院）

清乾隆御制达摩多罗罗汉唐卡（轴）（清，台北故宫博物院）

独特的宫廷唐卡

宫廷唐卡融合了汉藏艺术的特点，采用青绿山水作背景，点缀精细的花鸟山石，人物造型传神，线条勾勒细腻，色彩以矿物颜料为主，辅以金粉铺陈，凸显皇家华贵。清代，中正殿念经处是宫廷唐卡的主要制作机构，画师常融入汉地青绿山水技法，甚至吸收西方写实风格，形成独特的“京画”体系，与西藏“番画”形成对比。此类唐卡多用于皇家佛堂供奉或作为赏赐礼品，兼具宗教与政治功能。

境外的唐卡精品

这幅不丹画师绘制的竹巴噶举传承图，主尊上方是噶举祖师，下方是将教法传至不丹的夏仲仁波切·阿旺朗杰，近30位祖师旁多有金汁题记，完整讲述了噶举源头、竹巴创立及佛教传至不丹的历史，是兼具宗教性与历史性的罕见精品。

竹巴噶举祖师藏巴甲热及其相关传承唐卡
（清，台北故宫博物院）

有趣的风景唐卡

这幅唐卡为横幅风景，形制少见。以五台山为背景，展现文殊道场及其中藏传佛教兴盛情况。图上的描绘方式宛如小地图，精细地在山上“标记”了小佛像。山间人来人往，有骑马的、抱小孩的、指路的、跪拜的，热闹非凡，是一件融合了宗教与世俗的佳作。

五台山圣境唐卡（清，台北故宫博物院）

碧玉万寿纹龙钮盖执壶

碧玉呈祥，万寿无疆

这件碧玉万寿纹龙钮盖执壶高26厘米，口宽9厘米，底宽8.5厘米。

执壶采用深绿色的玉制成，色泽浓郁，深沉且内敛。壶盖设计为覆莲瓣形，莲瓣层层叠叠。壶身则为莲瓣式造型，与壶盖相呼应，刻有荷花、水仙等花卉。正中间刻有“万寿”字样，字体工整，寓意长寿与永恒，这是宫廷器物中常见的吉祥语。工艺上采用了镂雕、浅浮雕等多种雕刻技法。纹饰布局繁而不乱，主次分明。

碧玉在古代被视为珍贵的玉石之一，因其色泽沉稳、质地温润，常被用于制作宫廷礼器和陈设品。这件执壶的碧玉材质纯净，色泽均匀，体现了明代玉器选材的考究。

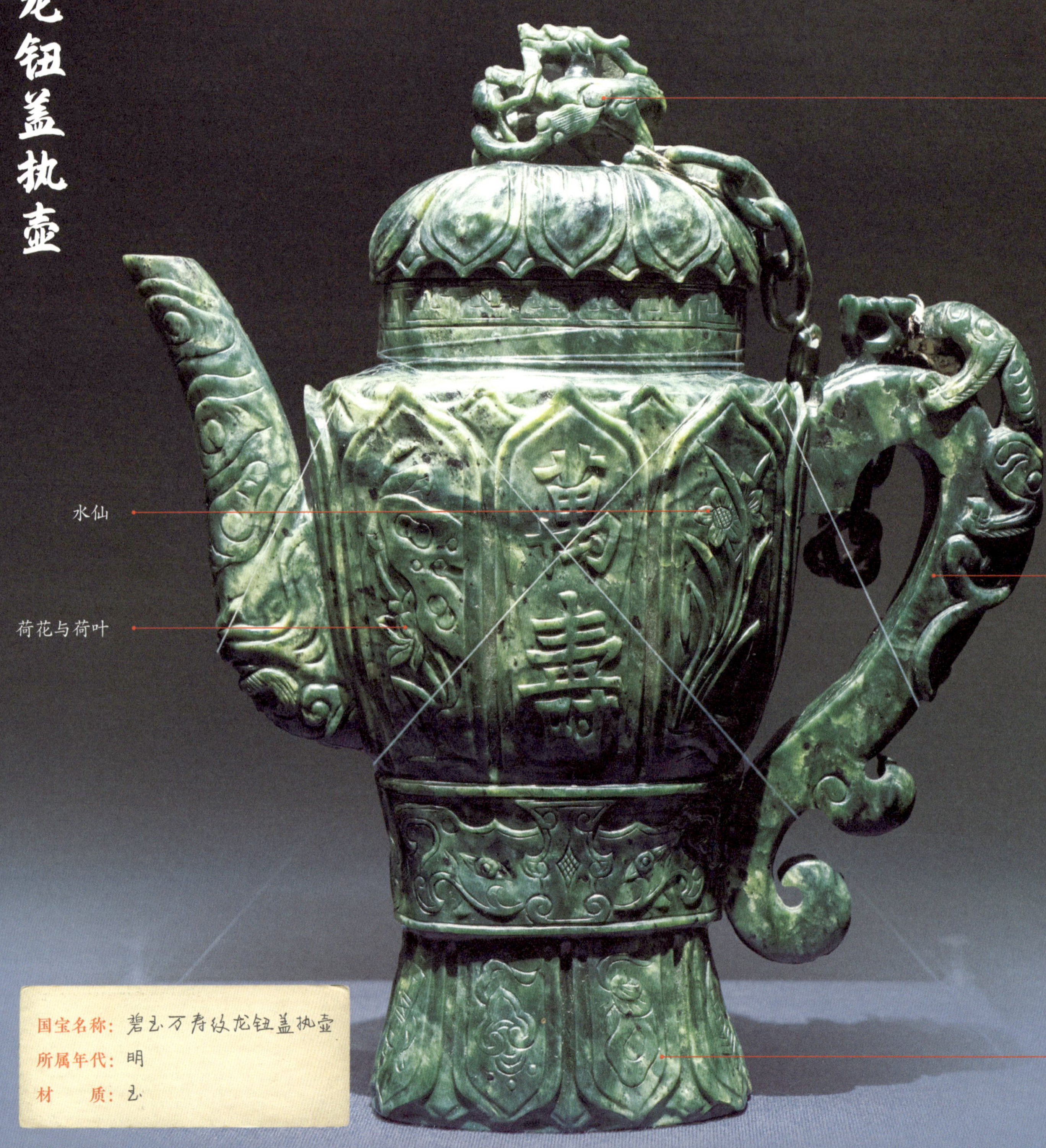

国宝名称：碧玉万寿纹龙钮盖执壶
所属年代：明
材　　质：玉

这件执壶造型设计精妙，圆口，短颈，流略外倾，以爬螭为柄，柄头垂套环。壶身纹饰充分展现了当时工匠登峰造极的雕刻水平。

壶顶部的盖钮带有几个相互连接的套环，可自由晃动，但与钮体紧密相连，随着执壶的轻轻移动，发出清脆悦耳的声响，为这件器物增添了一丝活泼的气息。

壶柄为爬螭造型，螭龙呈现蜿蜒攀附的姿态，身体线条流畅自然，尾部卷曲有力，极具动感，给壶增添了一分灵动。螭龙在传统文化中是一种瑞兽，代表着吉祥、美好和财富。

壶足设计为莲瓣形高足，层层叠叠的莲瓣上刻有寓意美好的图案，与壶盖和壶身的莲瓣纹饰相得益彰，使整体造型和谐统一。

器物小知识

温润典雅的玉壶

看完了前面这件霸气外露的碧玉万寿纹龙钮盖执壶，我们再来看看其他风格的玉壶吧。玉壶温润清透，自古为文人雅士所钟爱。其质如君子，色似冰心，寓意品格高洁。盛茶斟酒，尽显雅趣；更象征超然物外、坚守本心的精神。

翠玉流口壶（清，台北故宫博物院）

玉夭鸡首壶（清，台北故宫博物院）

流口壶

这件玉器由翠绿色玉制成，颜色深浅不一，其间夹杂黄赭色斑。流口及其周围的壶壁雕琢有鸟纹，壶盖顶部则雕琢着一只蟠螭。颜色清新得像夏日的青柠汽水。

鸡首壶

这件玉壶由白玉制成，器盖和器身有裂纹。整体呈扁形，有着鸡首造型的流口、立龙形状的柄，腹部装饰着朵花纹样，还配有带花苞钮的盖子。壶身的一抹玉石自带的褐色为点睛之笔。

玉羊首瓜瓣壶（清，台北故宫博物院）

瓜瓣壶

这件瓜瓣壶整体造型独具匠心，器身、壶盖、盖钮皆形似南瓜，憨态可掬；壶嘴雕琢成羊首模样，精巧别致。壶的提梁呈三股绞丝状，上端融入荷叶与莲蓬造型之中，下端镶嵌着荷叶形玉片，设计巧妙，自然清新。

玉菊花壶（清，台北故宫博物院）

菊花壶

这件扁方壶带盖，配高圈足。壶腹以高浮雕工艺呈现菊花及枝叶，栩栩如生。双耳雕琢成简化的螭形，简约中不失古韵。菊花别称“长寿花”，赋予此壶长寿的美好寓意。

玉“寿”字花卉纹执壶（明，台北故宫博物院）

“寿”字纹执壶

这把玉壶玉色泛黄且有绺，遍布灰斑与赭斑。壶身呈六角形，颈部有牌状凸起，刻有“寿”字，壶身浮雕缠枝番莲，腹下部装饰莲瓣纹，质朴中带着些许奢华感。

翠绿剔透的碧玉

碧玉属于和田玉的一种，以其半透明的质地和鲜明的绿色而著称。除了前文提到的碧玉万寿纹龙钮盖执壶的深绿色外，碧玉还有其他颜色，如明亮的苹果绿、深沉的菠菜绿，深浅层叠间蕴藏天地灵韵，其色亘古长青，历来受到帝王、文人的喜爱。下面我们一起来欣赏这些翠绿剔透的碧玉文物吧。

拓展话题

苹果绿印章

这件方印玉质极佳，颜色翠绿莹润，看上去像在发光。印钮上雕刻蟠螭，内容是印面白文“自彊（强）不息”4个字。

“自彊不息”玉印（清，台北故宫博物院）

豆绿盖碗

这件盖碗由豆绿色玉雕琢而成，腹部较深。其碗身比例与常见的玉碗不同，此碗样式属于印度风格，可能是18世纪晚期面向中国市场的新款式。贡入清廷后，深受乾隆皇帝喜爱。

玉双柄盖碗（清，台北故宫博物院）

玉龙凤花插（清，台北故宫博物院）

橄榄绿花插

这件花插为碧玉质地，伴有深绿色斑纹。整体呈圆筒形状，外壁运用浮雕工艺，雕琢有龙凤、火珠纹样，下方刻有寿山福海与如意云纹，线条流畅，构图精美。

玉兽面纹如意耳炉（清，台北故宫博物院）

菠菜绿耳炉

这件耳炉为碧绿玉质，典雅浓厚，整体呈现出深邃的菠菜绿，这种颜色被认为是碧玉中成色最好的，浓郁沉稳，越接近鲜绿越难得。

西藏自治区其他博物馆名录（节选）

西藏博物馆

西藏自然科学博物馆

西藏牦牛博物馆

西藏非物质文化遗产博物馆

藏东南文化遗产博物馆

山南市博物馆

藏王陵博物馆

昌都市博物馆

日喀则博物馆

群觉古代兵器博物馆

林芝自然博物馆

藏香博物馆

日喀则石刻艺术博物馆

布达拉宫，雄踞于雪域高原，仿若一座神圣的文化殿堂，珍藏着藏地乃至中华的灿烂文化珍宝，是促进藏传佛教传承与民族文化交融的核心所在。布达拉宫的建筑色彩独具魅力，红黄白黑交织，错落有致。墙檐处，厚重的棕红色边玛带环绕，间或饰以圆形铜质鎏金饰物，红与黄形成强烈对比。整个建筑群体现华丽与质朴、细腻与粗犷的强烈反差。

布达拉宫

图书在版编目（CIP）数据

布达拉宫 / 红糖美学著. -- 武汉：华中科技大学出版社，2025. 6. --（中国博物馆全书）.
ISBN 978-7-5772-1814-4

Ⅰ. K928.75

中国国家版本馆CIP数据核字第2025GW6590号

中国博物馆全书. 第三辑 布达拉宫　　红糖美学　著

Zhongguo Bowuguan Quanshu. Di-san Ji Budalagong

出版发行：华中科技大学出版社（中国·武汉）　　电话：（027）81321913
华中科技大学出版社有限责任公司艺术分公司　　（010）67326910-6023

出 版 人：阮海洪

责任编辑：张　颖　刘昊威　夏瑞付　林晓春　　封面设计：魏　薇

责任监印：赵　月　张　丽

制　　作：王玉平

印　　刷：河北朗祥印刷有限公司

开　　本：889mm × 1194mm　1/16

印　　张：60

字　　数：663千字

版　　次：2025年6月第1版第1次印刷

定　　价：998.00元（全10册）